Sekundarstufe

Friedhelm Heitmann

Allgemeinwissen fördern

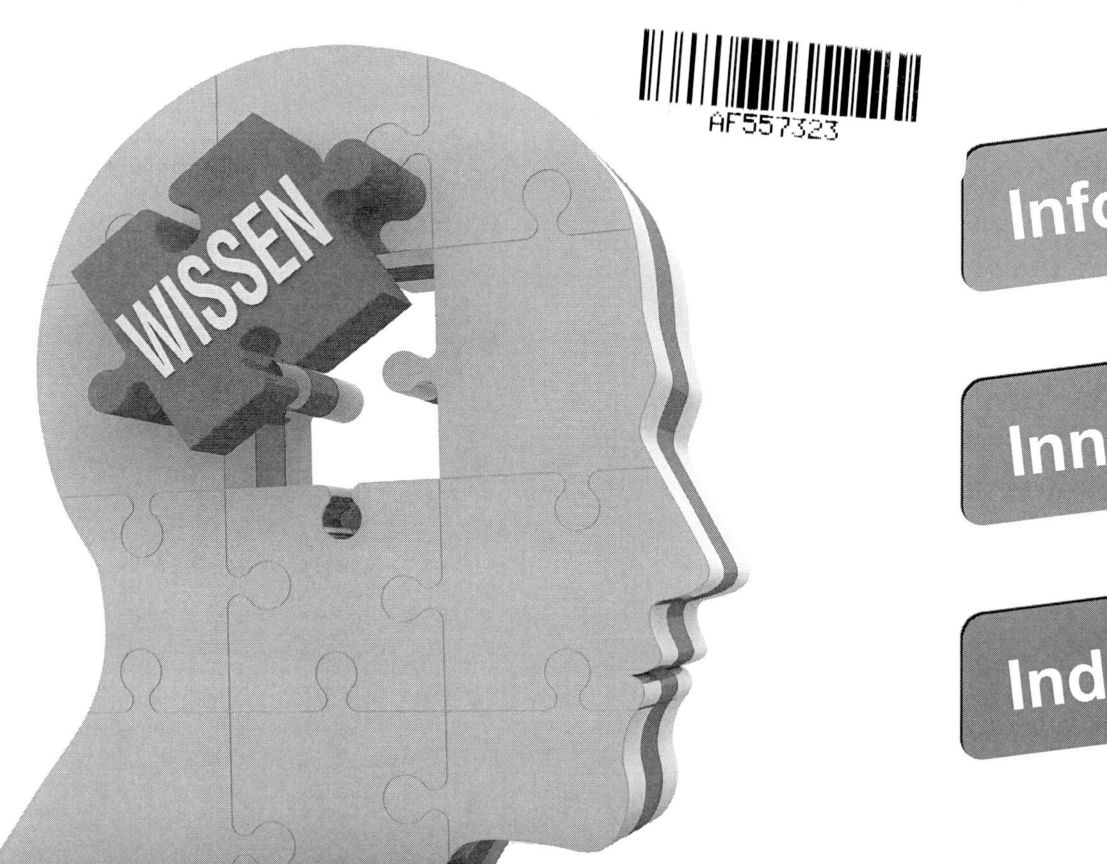

Informativ

Innovativ

Individuell

GESUNDHEIT, KRANKHEITEN UND VERLETZUNGEN

Grundkenntnisse fachgerecht in kleinen Portionen vermitteln

www.kohlverlag.de

Allgemeinwissen fördern

GESUNDHEIT, KRANKHEITEN UND VERLETZUNGEN

1. Auflage 2024

Inhalt: Friedhelm Heitmann
Coverbild: © vege - fotolia.com
Redaktion: Kohl-Verlag
Grafik & Satz: Kohl-Verlag
Druck: prosatz GmbH, Hückelhoven

Bestell-Nr. 13 029

ISBN: 978-3-98841-069-6

Bildquellen © AdobeStock.com:

S.2: Africa Studio; S. 6: Xavier Lorenzo; S. 7: Akari Machida, Peakstock, BigBlueStudio; S. 8: Designpics; S. 9: Davide Angelini; S. 10: exclusive-design; S. 11: shockfactor.de, Mental Health; S. 12: NDABCREATIVITY; S. 13: Nadia Bolotnikova; S. 14: Alena; S. 15: Lefteris Papaulakis; S. 16: charactervectorart; S. 17: NeoLeo; S. 18: Style-o-Mat-Design, toricheks; S. 19: Vector Juice; S. 20: He2, bilderzwerg; S. 21: Yarkee; S. 23: WinWin; S. 24: ST.art; S. 26: Andrey; S. 27: garneteyed; S. 29: Christine Wulf, montira; S. 30: Madua, VectorBum, Good Studio; S. 31: Visual Generation, KMPZZZ, Hurca!; S. 33: ONYXprj; S. 34: Motion Alchemists; S. 35: LIGHTFIELD STUDIOS; S. 36: mnimage; S. 37: fancytapis; S. 38: pb press; S. 39: ungtaman; S. 40: mnirat; S. 41: Robert Przybysz; S. 42: akf; S. 43: benjaminnolte; S. 44: Robert Przybysz; S. 45+46: Henrie; S. 47: Herbie; S. 49: chokniti; S. 50: Jaitham; S. 51: Madua; S. 52: Sven Bachstroem, romaset, eyetronic, SnowBink, Sedna, Your Hand Please, Gorodenkoff, Bernhard Schmerl; S. 53: InsideCreativeHouse, Peter Atkins, buravleva_stock, Александр Лебедько, Kitty, st.kolesnikov, LIGHTFIELD STUDIOS, LCosmo, eyetronic, Andrey Popov; S. 55: ihorvsn, Gorodenkoff; S. 56: monticellllo; S. 57: lapencia; S. 58: FM2; S. 59: Taras, sasaperic, Studio Romantic, Mirko Vitali, TIMDAVIDCOLLECTION, Glamy; S. 60: Thaut Images; S.61: Eka Panova; S. 62: Vector Juice; S. 63+64: MINIWIDE

wikipedia: S. 53: KOchstudiO

Inhaltsverzeichnis

KOHL VERLAG Allgemeinwissen fördern GESUNDHEIT, KRANKHEITEN UND VERLETZUNGEN – Bestell-Nr. 13 029

Inhaltsverzeichnis

Vorwort

Liebe Kolleginnen, liebe Kollegen,

wie die Bezeichnung allgemeinbildende Schulen bereits besagt, obliegt diesen Schulen die wesentliche Aufgabe, Heranwachsenden Allgemeinbildung zu vermitteln. Allgemeinbildung ist mit Allgemeinwissen verknüpft, ja erfordert Allgemeinwissen. Ohne Allgemeinwissen kann keine Allgemeinbildung erfolgen!

Vor diesem Hintergrund geht es im vorliegenden, der insgesamt 25 Bände umfassenden Reihe „Allgemeinwissen fördern …" des Kohl-Verlags, um den Themenbereich „Gesundheit, Krankheiten, Verletzungen". Kenntnisse sowie Erkenntnisse zum genannten Themenbereich sind lebensbedeutsam, mit anderen Worten real sehr relevant u. a. für Kinder und Jugendliche. Im Bildungssektor werden zunehmend Forderungen erhoben, auch von Heranwachsenden, den Unterricht an allgemeinbildenden Schulen inhaltlich (weitaus) stärker als bisher an den Anforderungen des Lebens auszurichten. In diesem Zusammenhang plädieren manche Personen dafür, an allgemeinbildenden Schulen das Fach Lebenskunde einzuführen. Ob es dazu im Fächerkanon (jemals) kommt, ist ungewiss …

Jedenfalls setzt sich der hier präsentierte Band mit diversen Themen des umfangreichen Themenbereichs „Gesundheit, Krankheiten, Verletzungen" auseinander. Im Werk werden vielfältige Informations- und Arbeitsmaterialien angeboten, wobei die Arbeitsaufgaben variieren. Aus dem Werk lassen sich einzelne Materialien auswählen und im Unterricht einsetzen (vor allem im Fach Biologie). Möglich ist aber auch, dass die Materialien des Bandes als Ganzes die Basis für ein umfangreiches Projekt „Gesundheit, Krankheiten, Verletzungen" bilden. Vorgesehen ist der Band in erster Linie für Schüler höherer Klassenstufen der Sekundarstufe I.

Für Hinweise auf etwaige Fehler im Band sowie sonstige Verbesserungsvorschläge bedanken wir uns im Voraus. Viele Erfolge bei der Verwendung der Materialien wünschen Ihnen der Kohl-Verlag und

Friedhelm Heitmann

1 Gesundheit (Einführung)

Aufgabe 1: **a)** *Bilde ganze Sätze. Verbinde jeweils mit einer Linie und schreibe die Nummer des Satzanfangs vor das dazu passende Satzende.*

	Satzanfang		Satzende
1.	Gesundheit ist mehr als		Gesundheit, leistungsfähig zu sein.
2.	Gemäß der World Health Organization		Lebenszufriedenheit, Freude, Motivation …
3.	Gesundheit ist ein Zustand vollständigen körperlichen,		um sich um seine Gesundheit zu kümmern.
4.	Unter anderem umfasst		(= Weltgesundheitsorganisation) gilt:
5.	Zur körperlichen (= physischen) Gesundheit zählt,		verlässliche Freunde zu haben, Wertschätzung in der Gemeinschaft, Geborgenheit z. B. in der Familie …
6.	Seelische (= psychische) Gesundheit beinhaltet		erst, wenn sie krank sind oder werden.
7.	Soziales Wohlbefinden meint,		frei von Krankheiten zu sein.
8.	Gesundheit ist nicht alles, aber		dass der Körper des jeweiligen Menschen fit ist.
9.	Erforderlich ist eine gesunde Lebensweise,		ohne Gesundheit ist alles nichts. (Arthur Schopenhauer)
10.	Wie wichtig Gesundheit ist, merken viele Menschen leider oft		seelischen und sozialen Wohlbefindens.

b) *Schreibe nun die 10 Sätze in der vorgegebenen Reihenfolge vollständig auf.*

Allgemeinwissen fördern
GESUNDHEIT, KRANKHEITEN UND VERLETZUNGEN – Bestell-Nr. 13 029

Der Körper des Menschen

Aufgabe: *Was weißt du? Trage ein, wo sich was befindet.*

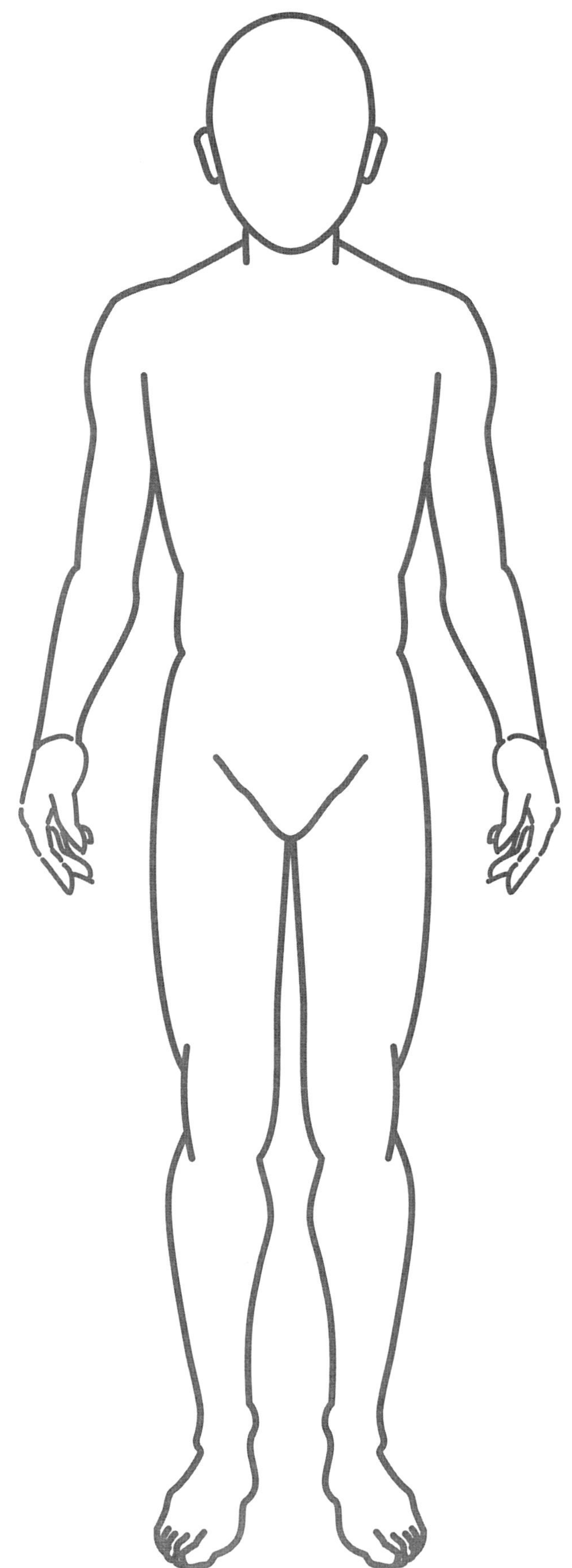

KOHL VERLAG

Lebst du gesund?

Aufgabe 1: **a)** *Wie führst du dein Leben? Teste dich selbst. Kreuze an, was auf dich zutrifft.*

1.		Abends gehe ich spät ins Bett.
		Ich versuche, möglichst wenig zu schlafen.
		Ich gehe frühzeitig ins Bett, um genügend schlafen zu können.

2.		Ab und zu benutze ich mein Smartphone.
		Ich lege das Smartphone abends unter das Kopfkissen, um jederzeit telefonieren zu können und telefonisch erreichbar zu sein.
		Tagsüber gebrauche ich mein Smartphone gewöhnlich mehrere Stunden.

3.		Oft bin ich mit einem Elektro-Scooter unterwegs.
		Ich fahre gern mit dem Fahrrad oder gehe zu Fuß.
		Am liebsten fahre ich mit einem Mofa, einem Moped bzw. in einem Auto mit.

4.		Sport treibe ich nie.
		Selten treibe ich Sport.
		Mehrmals in der Woche betätige ich mich sportlich.

5.		Ich rauche regelmäßig.
		Ich rauche manchmal.
		Ich rauche nicht.

6.		Alkohol trinke ich nicht oder ganz selten.
		Ich trinke oft Alkohol, wenn ich Freunde oder Bekannte treffe.
		Auch wenn ich allein bin, trinke ich Alkohol.

7.		Ich mag keine Spaziergänge.
		Gern halte ich mich draußen in der Natur auf.
		Die meiste Freizeit verbringe ich vor dem Computer bzw. Fernseher.

KOHL VERLAG Allgemeinwissen fördern GESUNDHEIT, KRANKHEITEN UND VERLETZUNGEN – Bestell-Nr. 13 029

3 Lebst du gesund?

(Blatt 2)

Fortsetzung Aufgabe 1: a) *Wie führst du dein Leben? Teste dich selbst. Kreuze an, was auf dich zutrifft.*

8.		Ich mag es, mich bei prallem Sonnenschein lange zu sonnen.
		Dabei verwende ich kein Sonnenschutzmittel.
		Im prallen Sonnenlicht halte ich mich allenfalls kurze Zeit auf.

9.		Schnell rege ich mich über Dinge auf.
		Es kommt vor, dass ich verbal oder körperlich gewalttätig werde.
		Ich versuche, ein harmonisches Leben zu führen.

10.		Ich pflege gute soziale Kontakte zu anderen Menschen.
		Soziale Kontakte zu anderen Menschen habe ich nicht.
		Mit anderen Menschen habe ich Stress.

11.		Morgens frühstücke ich (fast) immer.
		Manchmal frühstücke ich morgens.
		Ich frühstücke morgens niemals.

12.		Jeden Tag esse ich 1 Hauptmahlzeit.
		Jeden Tag esse ich 2 Hauptmahlzeiten.
		Jeden Tag esse ich 3 Hauptmahlzeiten.

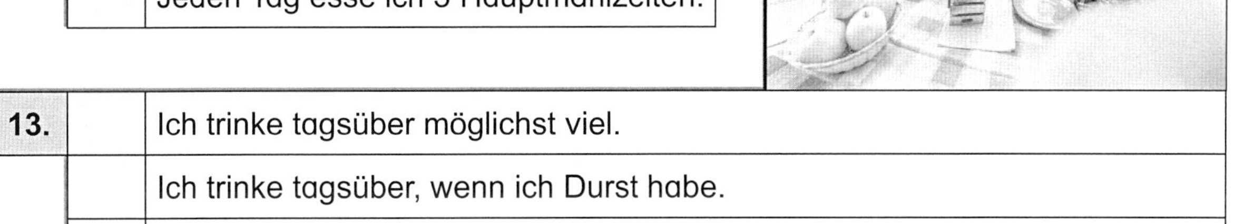

13.		Ich trinke tagsüber möglichst viel.
		Ich trinke tagsüber, wenn ich Durst habe.
		Ich trinke tagsüber möglichst wenig.

14.		Hauptsächlich trinke ich Kaffee oder Eistee.
		Hauptsächlich trinke ich Mineralwasser oder Früchtetee.
		Hauptsächlich trinke ich Cola oder Limonade.

Allgemeinwissen fördern
GESUNDHEIT, KRANKHEITEN UND VERLETZUNGEN – Bestell-Nr. 13 029
KOHL VERLAG

3 Lebst du gesund? (Blatt 3)

Fortsetzung Aufgabe 1: **a)** *Wie führst du dein Leben? Teste dich selbst. Kreuze an, was auf dich zutrifft.*

15.		Ich esse keine Kohlenhydrate, kein Fett.
		Ich esse Vollkornprodukte, frisches Obst, Gemüse …
		Ich esse Fast Food (Pommes frites, Currywurst, Hamburger, Pizza, Döner …).

16.		Zum Essen nehme ich möglichst viel Salz.
		Zum Essen nehme ich ein wenig Salz.
		Zum Essen nehme ich kein Salz.

17.		Süßigkeiten verzehre ich sehr oft.
		Süßigkeiten verzehre ich häufig.
		Süßigkeiten verzehre ich selten.

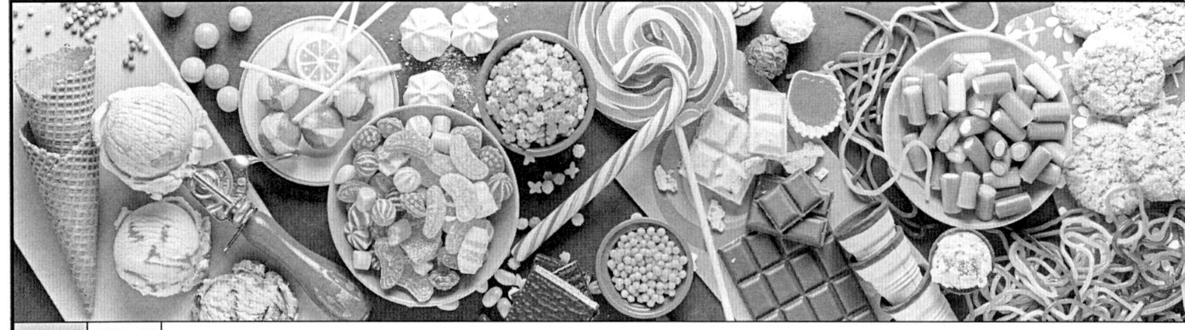

18.		Ich lasse mir beim Essen genügend Zeit.
		Auf das Kauen kommt es mir beim Essen nicht an.
		Beim Essen beeile ich mich.

19.		Ich habe Übergewicht.
		Ich habe Normalgewicht.
		Ich habe Untergewicht.

20.		Meine Zähne putze ich täglich in der Regel (mindestens) zweimal.
		Meine Zähne putze ich täglich gewöhnlich einmal.
		Meine Zähne putze ich jeden zweiten Tag.

b) *Im Teil a) kennzeichnet jeweils eine der Antworten ein gesundes Leben. Was meinst du?*

An meinen Antworten kann man erkennen: Meine Lebensweise ist …

	überwiegend gesund
	einigermaßen gesund
	eher ungesund

KOHL VERLAG Allgemeinwissen fördern GESUNDHEIT, KRANKHEITEN UND VERLETZUNGEN – Bestell-Nr. 13 029

4 Ernährung und Gesundheit

Die Ernährung kann zur Gesundheit beitragen, sie jedoch auch schädigen. Überernährung ist schädlich für die Gesundheit, ebenso Unterernährung. Der Mensch benötigt eine ausgewogene, abwechslungsreiche Ernährung.

Ernähren sollte man sich von Getreideprodukten, Kartoffeln, Gemüse, Obst, Milch, Milchprodukten, in geringeren Mengen von Fisch, Eiern, Fleisch, Wurst … Ernährungsexperten schlagen vor, Fisch gegenüber Fleisch zu bevorzugen. Es gilt mehr pflanzliche Nahrung als Nahrung tierischer Herkunft zu essen.

Fast Food-Produkte wie u. a. Pommes frites, Currywurst, Hamburger, Pizza, Döner … sind als Nahrung nicht zu empfehlen. Ganz besonders sollten wir darauf achten, Zucker in nur sehr geringer Menge zu sich zu nehmen, da zu viel Zucker den Körper krank macht. Zu bedenken ist: Viel Zucker ist nicht nur in Süßigkeiten, sondern auch in zahlreichen Speisen sowie Getränken enthalten.

Angeraten wird, die tägliche Nahrungsaufnahme auf 3 Hauptmahlzeiten und 2 Nebenmahlzeiten zu verteilen. Bei den Mahlzeiten sollte man sich genügend Zeit lassen, also die Nahrung und die Getränke nicht zu schnell verzehren …

Aufgaben: *Beschreibe, womit und wie du dich ernährst. Ernährst du dich gesund?*

5 Sport und Gesundheit

Bewegung tut gut. Selbst Sport zu treiben, fördert die eigene Gesundheit. Dabei geht es nicht darum, sportliche Hochleistungen zu vollbringen. Vielmehr ist wesentlich, sich regelmäßig sportlich zu betätigen. Empfohlen wird von Ärzten für Menschen eine tägliche Bewegungszeit von zumindest 30 Minuten.

Es gilt nicht: Wer mehr und mehr Sport treibt, trägt noch mehr zu seiner Gesundheit bei. Allzu viel Sport kann sich negativ auswirken, mit anderen Worten der Gesundheit schaden. Nach dem Sporttreiben sind Entspannung und Erholung erforderlich. Übertriebener Ehrgeiz beim Sport kann z. B. zu Verletzungen führen. Bei Erkrankungen wie z. B. einer Erkältung bzw. einer Grippe heißt es unbedingt, zu pausieren und erst dann wieder mit dem Sport zu beginnen, wenn die Krankheit überwunden ist.

Vorgeschlagen wird u.a. in Bezug auf die Gesundheit, eine Sportart auszuwählen, die man möglichst bis ins hohe Alter ausüben kann wie Schwimmen, Radfahren, Jogging, Walking … (= Lifetime-Sport).

Aufgabe 1: *Denke in Ruhe nach und antworte dann in ganzen Sätzen.*

a) Was hältst du vom aktiven Sport treiben?

b) Warum treibst du selbst Sport bzw. warum nicht?

c) Wenn du aktiv bist, welchen Sport treibst du?

d) Etwa wie viele Stunden treibst du gewöhnlich Sport während einer Woche?

e) Bist du Mitglied in einem Sportverein? Wenn ja, in welchem Sportverein?

KOHL VERLAG Allgemeinwissen fördern GESUNDHEIT, KRANKHEITEN UND VERLETZUNGEN – Bestell-Nr. 13 029

6 Zahnpflege

Aufgaben 1: *Verfasse mit Hilfe der nachfolgenden stichwortartigen Bemerkungen einen Text in vollständigen Sätzen zum Thema Zahnpflege.*

- Zahnpflege = Beitrag zur Gesundheit und Vorbeugung von Krankheiten;
- Reinigung deiner Zähne zumindest zweimal täglich jeweils 3 Minuten;
- Zähneputzen nach den Mahlzeiten, nicht vor den Mahlzeiten;
- Putzen der Zähne: zuerst die Kaufläche, dann die Außenseite, schließlich die Innenseite aller Zähne (= KAI-Verfahren);
- Säuberung der Zahnzwischenräume mit Zahnseide;
- Zielsetzung durch Putzen: u. a. Vermeidung von Zahnstein (= verhärteter Zahnbelag);
- empfehlenswert: Mundspülung nach dem Zähneputzen;
- wichtig: durch Zahnpflege Vermeidung von Zahnkrankheiten wie z. B. Karies[1] (= Zahnfäule);
- Parodontitis[2] = Entzündung des Zahnhalteapparates;
- Zahnfleischbluten = Hinweis auf die Entzündung des Zahnfleisches

Aufgaben 2: *Was lässt sich sonst noch zum Thema Zahnpflege sagen? Informiere dich z. B. im Internet und notiere danach mindestens 5 eigene Sätze. Schreibe deine Sätze auf einem Extrablatt auf.*

[1] *caries (lat.) = Fäulnis, Morschheit*
[2] *para (griech.) = bei; odus (griech.) Zahn; itis (griech.) = Entzündung*

7 Medizin

Das Wort Medizin hat eine doppelte Bedeutung. Zum einen steht der Begriff Medizin als ein anderes Wort für Heilmittel und Arznei. Im Weiteren ist Medizin der Fachbegriff für die Wissenschaft, die sich mit der Gesundheit sowie Krankheiten von Lebewesen befasst. Die Medizin[1] wird auch als Heilkunde bezeichnet. Die Bezeichnung Mediziner wird in erster Linie für Wissenschaftler verwendet, die in der Medizin forschen.

Die Humanmedizin[2] setzt sich mit dem großen Themenbereich Gesundheit, Krankheiten und Verletzungen der Menschen auseinander.

Dabei geht es auf der einen Seite um die Gesundheit der Menschen. Ferner behandelt die Humanmedizin das Erkennen, die mögliche Heilung sowie die Verhütung von Krankheiten bei Menschen. Unterteilt ist die Humanmedizin in diverse Fachgebiete. Zu diesen Fachgebieten gehören u. a. die innere Medizin, die Kinderheilkunde, die Augenheilkunde, die Hals-, Nasen-, Ohrenheilkunde, die Zahnmedizin …

Aufgabe 1: *Fragen und Antworten*
Überlege dir und notiere auf diesem Blatt 5 Fragen zum oberen Text „Medizin“. Gib danach das Blatt einem Mitschüler zur schriftlichen Beantwortung deiner Fragen. Du erhältst ein Blatt von diesem Schüler mit dessen 5 Fragen zum Text, die du schriftlich zu beantworten hast. Schreibe auf ein Extrablatt.

(Alternative: Du schreibst zum Text „Medizin“ 5 Fragen auf, die du danach selbst schriftlich beantwortest.)

Frage 1: ______________________________

____

Frage 2: ______________________________

____

Frage 3: ______________________________

____

Frage 4: ______________________________

____

Frage 5: ______________________________

____

[1] *medicare (lat.) = heilen*
[2] *humanus (lat.) = Mensch, menschlich*

Allgemeinwissen fördern
GESUNDHEIT, KRANKHEITEN UND VERLETZUNGEN – Bestell-Nr. 13 029
KOHL VERLAG

8 Ein kurzer Blick zurück in die Geschichte der Medizin

Schon in vorchristlicher Zeit wurden im Altertum manche Operationen (= medizinische Eingriffe) an Körpern von Menschen (z. B. am Kopf) durchgeführt. Der heutzutage in Europa (wohl) bekannteste Arzt aus der vorchristlichen Zeit ist der Grieche Hippokrates von Kos, der im Zeitraum von ca. 460-370 v. Chr. lebte. Er gilt als Begründer (genannt: „Vater") der wissenschaftlichen Heilkunde (= Medizin). Hippokrates von Kos wird der sogenannte hippokratische Eid zugeschrieben, obwohl dieser Eid wahrscheinlich gar nicht von Hipporates stammt, sondern noch älter ist. Gemäß dem hippokratischen Eid sind Ärzte verpflichtet, den Kranken zu helfen, sich für ihr Wohl einzusetzen, die Schweigepflicht über ihre Patienten[1] zu bewahren … Der hippokratische Eid hat bekanntlich auch heute noch Bedeutung.

Im Mittelalter war die Medizin der Araber am weitesten vorangeschritten und damit führend. Generell wurden die allergrößten Fortschritte in der Medizin ab dem 19. Jahrhundert gemacht. Der Medizin gelang es, mehr und mehr Kenntnisse sowie Erkenntnisse über die Entstehung, Verläufe und Behandlung von Krankheiten zu gewinnen. Dazu trugen u. a. die Entdeckungen von zahlreichen (winzigen) Krankheitserregern und medizintechnische Erfindungen bei. Im Laufe der Zeit wurden in stetig wachsender Zahl Medikamente[2] (= Heilmittel) zur Bekämpfung von Krankheiten entwickelt.

Aufgabe 1: *Ergänze anschließend die fehlenden Angaben.*

a) Bereits in vorchristlicher Zeit führte man im Altertum durch:

____

b) Die Grieche Hippokrates von Kos ist:

____

c) In dieser Zeit lebte Hippokrates von Kos:

____

d) Hippokrates von Kos hat den Ruf:

____

e) Ärzte haben laut hippokratischem Eid u. a. die Pflicht:

____

e) Bei ihnen war die Medizin im Mittelalter am weitesten vorangeschritten:

____

f) Ab diesem Jahrhundert gab es die allergrößten Fortschritte in der Medizin:

____

g) In der Medizin kam es zu immer mehr Kenntnissen sowie Erkenntnissen über:

____

h) Zum Fortschritt in der Medizin steuerten bei:

____

i) Davon wurden zur Bekämpfung von Krankheiten mehr und mehr entwickelt:

____

[1] Das Wort Patient kommt ursprünglich vom lat. Wort patientis = (er)duldend, leidend
[2] medicamentum (lat.) = Heilmittel

9 Krankheiten (Einleitung)

Aufgabe 1: *Setze in den nachfolgenden Sätzen passende Verben ein. (Lösungshilfe unten)*

a) Die Gesundheit von Menschen kann durch Krankheiten gestört oder sogar ganz und gar ____________________ werden.

b) Manchmal wird für Krankheit auch der Begriff Ungesundheit ____________________.

c) Das Fremdwort für die Lehre von den Krankheiten ____________________ Pathologie[1].

d) Die einzelnen Krankheiten ____________________ gewöhnlich jeweils bestimmte Anzeichen, Merkmale (= Symptome[2]) auf.

e) Das Feststellen, Erkennen einer bestimmten Krankheit durch z. B. einen Arzt ____________________ man als Diagnose.

f) Unter einer Therapie[3] wird bei Krankheiten deren Behandlung ____________________.

g) Weltweit ____________________ man bisher etwa 30.000 verschiedene Krankheiten.

h) Davon ____________________ ca. 8000 Krankheiten (relativ) selten vor.

i) Die einen Krankheiten lassen sich heilen oder zumindest ____________________.

j) Andere Krankheiten sind nicht heilbar und können zum Tod ____________________.

Lösungshilfe: einsetzbare Verben in alphabetischer Reihenfolge:
bezeichnet – führen – gebraucht – heißt – kennt – kommen – lindern – verhindert – verstanden – weisen

[1] *pathos (griech.) = Krankheit, Leiden; logos (griech.) = Rede, Kunde, Darstellung*
[2] *symptoma (griech.) = Eigenschaft*
[3] *therapeia (griech.) = Dienst, Pflege, Hilfe*

10 Vorbemerkungen zur Unterscheidung von Krankheiten

Von akuten Krankheiten und chronischen Krankheiten wird gesprochen. Akute[1] Krankheiten nennt man solche, die plötzlich auftreten und heftig verlaufen.

Als Gegenteil zu akuten Krankheiten gelten chronische[2] Krankheiten. Sie verlaufen langsam, schleichend. Oft wiederholen sich chronische Krankheiten bei Patienten und können nicht (ganz) geheilt werden.

Ärzte verwenden spezielle Fachausdrücke, u. a. für Krankheiten. Diese Fachausdrücke stammen meistens aus der griechischen bzw. lateinischen Sprache. Ein Beispiel dafür ist der Fachbegriff Influenza[3] für die (echte) Grippe.

Hinweis: Influenza wird durch Viren verursacht.

Nach den Ursachen von Krankheiten lassen sich grob unterscheiden:

- Infektionskrankheiten[4] (= ansteckende Krankheiten);
- Erbkrankheiten;
- degenerative[5] Krankheiten (= durch Abnutzung, Alterung des Körpers entstandene Krankheiten);
- Tumorkrankheiten[6] (= Krankheiten hervorgerufen durch entartete, wachsende Zellen im Körper);
- Autoimmunkrankheiten[7] (= Krankheiten bewirkt durch das Immunsystem [= Abwehrsystem] des eigenen Körpers);
- psychische[8] Krankheiten (= seelische Krankheiten);
- Zivilisationskrankheiten[9], auch als „Wohlstandskrankheiten“ tituliert: Krankheiten aufgrund der fortgeschrittenen Entwicklung (= Zivilisation);
- Krankheiten und Verletzungen hervorgerufen durch Unfälle;
- ...

Aufgabe 1: *Das merke ich mir zur Unterscheidung von Krankheiten:*

____

____

____

____

____

____

____

____

[1] acutus (lat.) = spitz, scharf
[2] chronos (griech.) = Zeit
[3] influentia (lat.) = Einfluss, (das) Eindringen
[4] infectio (lat.) = Ansteckung
[5] degeneratio (lat.) = Entartung
[6] tumor (lat.) = Geschwulst, Schwellung
[7] autos (griech.) = selbst, immunis (lat.) = unempfänglich, frei
[8] psyche (griech.) = Seele, Lebenskraft
[9] cives (lat.) = Bürger; civilis (lat.) = bürgerlich

KOHL VERLAG Allgemeinwissen fördern GESUNDHEIT, KRANKHEITEN UND VERLETZUNGEN – Bestell-Nr. 13 029

Infektionskrankheiten

Mit dem Fachbegriff Infektionskrankheiten[1] sind ansteckende Krankheiten gemeint. Sie werden durch winzige Krankheitserreger verursacht, die in den Körper von z. B. Menschen eindringen. Dort vermehren sich diese Krankheitserreger gewöhnlich rasch. Bei den Krankheitserregern handelt es sich in der Regel um Bakterien[2], Viren[3], Pilze oder Parasiten[4].

Zu den Infektionskrankheiten gehören u. a. Tuberkulose, Typhus, Grippe, Masern, Fußpilz, Darmpilz, Bandwurminfektion, Malaria … Auf unterschiedliche Weise können Krankheitserreger in den Körper von Menschen und anderen Lebewesen gelangen, z. B. durch verschmutzte Wunden, Speicheltröpfchen, Bisse oder Stiche von Tieren, unreines Trinkwasser, verdorbene Lebensmittel …

Der ganze Körper bzw. nur Teile davon können von Infektionskrankheiten betroffen sein. Es gibt allgemeine Anzeichen, Merkmale (= Symptome) wie z. B. Fieber, Schüttelfrost … sowie spezifische Symptome wie u. a. Hautveränderungen bei Infektionskrankheiten. Infektionskrankheiten können sich großräumig, ja sogar weltweit ausbreiten (siehe die Infektionskrankheit Covid 19).

Durch Isolierung (= Quarantäne) von Erkrankten, Desinfektionsmittel, Impfungen … wird versucht, Infektionskrankheiten und deren Ausbreitung vorzubeugen. In der Medizin werden gegen Bakterien sogenannte Antibiotika[5] eingesetzt, gegen Viren Virostatika[6], gegen Pilze Antimykotika[7] …

Besonders gefährdet durch Infekte (= Ansteckungen) sind Menschen, deren eigenes Immunsystem schwach oder vorübergehend geschwächt ist.

[1] *infectio (lat.) = Ansteckung*
[2] *bakterion (griech.), bakterium (lat.) = Stäbchen*
[3] *virus (lat.) = Schleim, Gift*
[4] *parasitos (griech.) = wer noch isst; parasitus (lat.) = Tischgenosse, Schmarotzer*
[5] *anti (griech.) = gegen; bios (griech.) = Leben*
[6] *statikos (griech.) = hemmend*
[7] *mykos (griech.) = Pilz*

11 Infektionskrankheiten (Blatt 2)

Aufgabe 1: *Was hast du dir vom Text über „Infektionskrankheiten“ auf Blatt 1 gemerkt? Antworte bzw. ergänze in Stichwörtern.*

a) *Infektionskrankheiten – was sind das?*

____

b) *Wodurch werden Infektionskrankheiten hervorgerufen?*

____

c) *Welche Krankheitserreger verursachen Infektionskrankheiten?*

____

d) *Nenne 5 verschiedene Infektionskrankheiten:*

____

e) *Wie z. B. können Krankheitserreger in den Körper von Menschen eindringen?*

____

____

f) *Mit welchem Fachbegriff bezeichnet man die Anzeichen, Merkmale von u. a. Infektionskrankheiten?*

____

g) *Wie weit können sich manche Infektionskrankheiten räumlich ausbreiten?*

____

h) *Welche Maßnahmen z. B. dienen zur Vorbeugung gegen Infektionskrankheiten und deren Verbreitung?*

____

i) *Welchen Zweck haben Antibiotika sowie Virostatika?*

____

____

j) *Welche Menschen sind vor allem bedroht durch Infekte?*

____

____

KOHL VERLAG Allgemeinwissen fördern GESUNDHEIT, KRANKHEITEN UND VERLETZUNGEN – Bestell-Nr. 13 029

Vererbung und Erbkrankheiten

Verantwortlich dafür, was vererbt wird, sind die Gene[1]. Als Gene bezeichnet man die Erbanlagen. Die Gene befinden sich in den Chromosomen der Zellkerne. Die Chromosomen[2] (= farbige Gebilde) sind die Träger der Erbanlagen.

Aus Eiweiß und Desoxyribonukleinsäure (= DNA) setzen sich die Chromosomen zusammen. DNA heißt die englischsprachige Abkürzung für deoxyribonucleic acid. Die DNA besteht aus einem Doppelstrang, der quer miteinander verbunden und gedreht ist (vergleichbar mit einer Strickleiter). Die einzelnen Abschnitte der DNA bestimmen die Bildung von bestimmten Genen. Insgesamt weist der Mensch über 25.000 Gene auf.

Durch krankhafte Gene, die vererbt werden, können Erbkrankheiten entstehen. Anstelle von Erbkrankheiten wird auch von genetischen Erkrankungen gesprochen. Hervorgerufen werden die krankhaften Gene durch dauerhaft wirkende Mutationen[3] (= Veränderungen). Möglich sind Mutationen auf einem oder auf mehreren Genen. Mutationen können vermehrt auftreten durch chemische Stoffe, Röntgenstrahlung, radioaktive Strahlung, UV-Strahlung …

Wenn eine Person ein oder mehrere krankhafte Gene (= Gendefekte) hat, bedeutet dies nicht zwangsläufig, dass die jeweilige Krankheit ausbricht. Die Erkrankungsveranlagung kann aber weitergegeben werden, und die Erbkrankheit kommt gemäß den Gesetzmäßigkeiten der Vererbung möglicherweise erst bei einem oder mehreren Nachkommen zum Ausbruch, also in der nächsten Generation. Die meisten Erbkrankheiten (= genetische Erkrankungen) lassen sich bisher nicht heilen. Zu den Erbkrankheiten (im engeren Sinne) zählen:

- die Bluterkrankheit (= Hämophilie[4]);
- die Stoffwechselkrankheit Mukoviszidose[5];
- die Nervenkrankheit Chorea Huntington[6] (= Veitstanz); u. a. gekennzeichnet durch Bewegungsstörungen;
- …

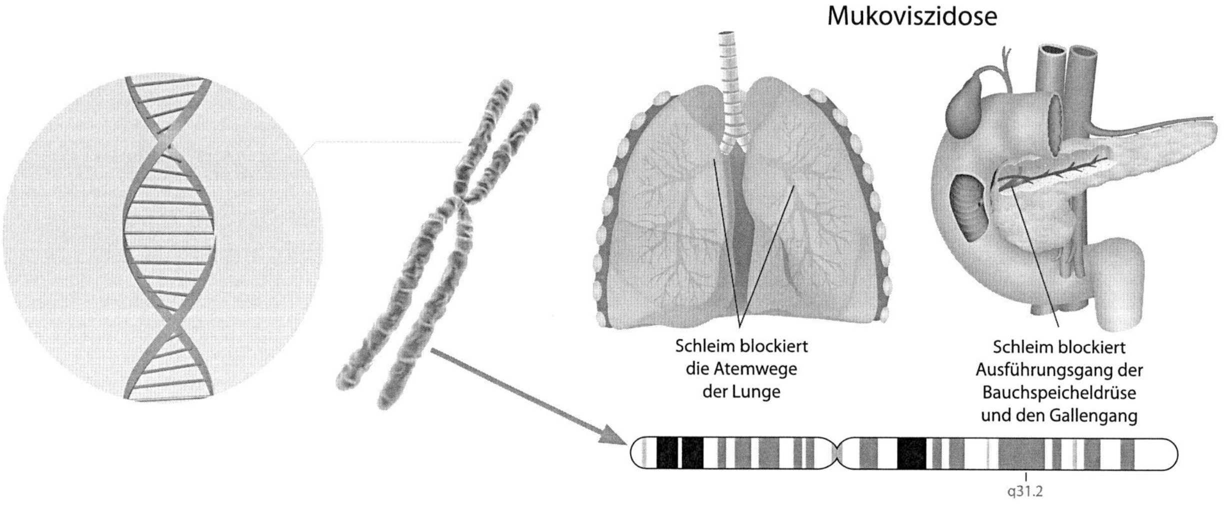

[1] gennan (griech.) = erzeugen, hervorbringen; genesis (griech.) = (das) Werden, Entstehen
[2] chromos (griech.) = Farbe; soma (griech.) = Körper
[3] mutatio (lat.) = Veränderung, Änderung
[4] haima (griech.) = Blut; philia (griech.) = Neigung
[5] mucus (lat.) = Schleim; viscidus (lat.) = zäh
[6] chorea (griech.) = Tanz; Huntington = Name einer US-amerikanischen Arztes

Allgemeinwissen fördern GESUNDHEIT, KRANKHEITEN UND VERLETZUNGEN – Bestell-Nr. 12 029
KOHL VERLAG

12 Vererbung und Erbkrankheiten

(Blatt 2)

Aufgabe 1: **a)** *Welche nachfolgenden 10 Aussagen sind richtig, welche nicht? Kreuze die Aussagen dementsprechend an.*

		Richtig:	Falsch:
1.	Gene nennt man die Träger der Erbanlagen.		
2.	Chromosomen heißen die Erbanlagen.		
3.	Mit der Abkürzung DNA ist die Desoxyribonukleinsäure gemeint.		
4.	Der auch quer verbundene Doppelstrang der DNA lässt sich von der Form mit einer Strickleiter vergleichen.		
5.	Der Mensch besitzt über 20.000 Gene.		
6.	Krankhafte Gene können vererbt werden.		
7.	Durch Mutationen kommen krankhafte Gene zustande.		
8.	Wenn jemand ein oder mehrere krankhafte Gene in seinem Körper hat, bricht bei diesem Menschen eine Erbkrankheit aus.		
9.	Erbkrankheiten werden auch als genetische Erkrankungen bezeichnet.		
10.	Inzwischen sind die meisten Erbkrankheiten heilbar.		

DNA

Deoxyribonucleic acid

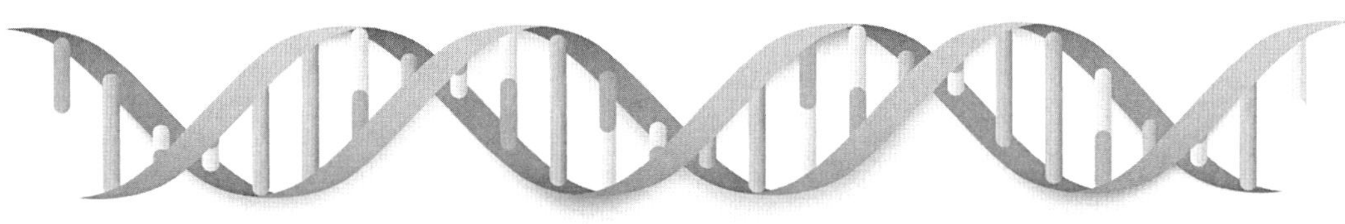

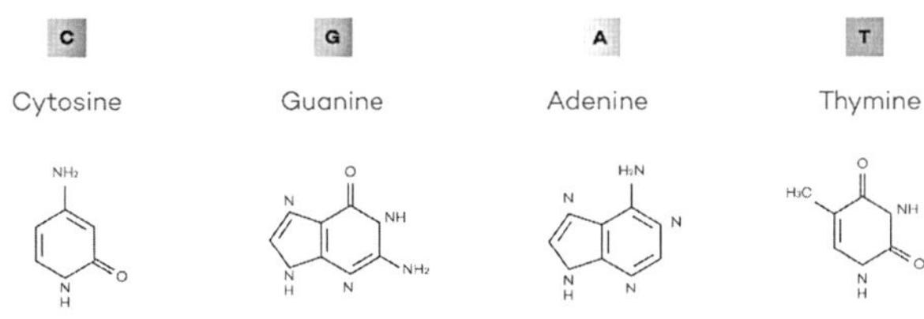

b) *Verbessere schriftlich die falschen Aussagen.*

___

___

___

___

___

___

___

KOHL VERLAG
Allgemeinwissen fördern
GESUNDHEIT, KRANKHEITEN UND VERLETZUNGEN – Bestell-Nr. 13 029

13 Degenerative Krankheiten

Degenerative[1] Krankheiten nennt man Erkrankungen, die die Folge von Abnutzung (= Verschleiß) bzw. des Älterwerdens sind. Solche Krankheiten treten z. B. an Knochen und Knorpel auf. Knochen sind ganz besonderen Belastungen ausgesetzt. Beispiele für degenerative Krankheiten sind:

- Arthrose[2], eine Gelenkerkrankung durch Gelenkverschleiß;
- Skoliose[3], eine seitliche Verkrümmung der Wirbelsäule;
- Osteoporose[4] = Knochenschwund, Abnahme der Knochendichte

In Muskelschwäche zeigen sich degenerative Muskelkrankheiten. Im Weiteren gibt es u. a. degenerative Nervenkrankheiten. Dazu zählen z. B.:

- die Alzheimer-Krankheit[5], die durch eine voranschreitende Abnahme geistiger Fähigkeiten gekennzeichnet ist;
- die Parkinson-Krankheit[6] (= Schüttellähmung), die u. a. durch unkontrolliertes Muskelzucken geprägt ist;
- Amytrophe Lateralsklerose[7] (ALS) = Zerstörung der Nerven, wodurch es zu immer mehr Lähmungen von Muskeln kommt

Arteriosklerose (= Arterienverkalkung, Verdickung der Arterienwände) führt zu Durchblutungsstörungen und kann Herz-/Kreislauf-Erkrankungen wie u. a. Schlaganfall und Herzinfarkt verursachen.

Von degenerativen Krankheiten sind vor allem ältere Menschen betroffen. Manche degenerative Krankheiten kommen jedoch auch schon bei Kindern vor. Die meisten degenerativen Krankheiten kann man bislang nicht heilen. Vielmehr geht es deshalb darum, die Symptome (= Merkmale) dieser Erkrankungen zu lindern.

Aufgabe 1: *Was weißt du jetzt über degenerative Krankheiten? Schreibe es in eigenen Sätzen auf.*

___

___

___

___

___

___

___

___

___

___

[1] *degeneratio (lat.) = Entartung*
[2] *arthron (griech.) = Gelenk; osis (griech.) = krankhafter Zustand*
[3] *skolios (griech.) = krumm*
[4] *osteon (griech.) = Knochen, poros (griech.) = Durchgang*
[5] *Alzheimer = Name eines deutschen Arztes*
[6] *Parkinson = Name eines britischen Arztes*
[7] *Amytrophie = Muskelschwund; lateralis (lat.) = die Seite betreffend; sklerosis (griech.) = Härtung, Verhärtung*

Allgemeinwissen fördern GESUNDHEIT KRANKHEITEN UND VERLETZUNGEN – Bestell-Nr. 13 029
KOHL VERLAG

Tumorkrankheiten

Im weit gefassten Sinn gelten als Tumore[1] alle Schwellungen des Körpers. Es können z. B. Entzündungen sein, in sich geschlossene Hohlräume, Ansammlungen von Flüssigkeit.

Dagegen bezeichnet man im engen Sinn als Tumore bösartige und gutartige Zellwucherungen, die unkontrolliert und oft rasch wachsen können. Diese Zellwucherungen (= Geschwülste) wachsen in umliegendes, gesundes Körpergewebe hinein und sind imstande, es zu zerstören. Bösartige Zellwucherungen nennt man in der Umgangssprache Krebs. Tumore können im und am ganzen Körper vorkommen.

- Bösartige Geschwülste, die ein Deckgewebe aufweisen, heißen Karzinome[2].
- Von Metastasen[3] (= Tochtergeschwülsten) spricht man, wenn sich bösartige Tumorzellen vom Ursprungsort im Körper weiter ausbreiten. Dies ist möglich per Blut und per Lymphe (= eine wässrige Flüssigkeit).

Krebsarten werden in der Regel danach bezeichnet, wo sie im Körper auftreten. Beispiele: Lungenkrebs, Darmkrebs, Brustkrebs, Hautkrebs, Leukämie (= Blutkrebs) … Bekannt sind zurzeit über 300 verschiedene Krebsarten. Krebskrankheiten gehören zu den sehr gefährlichen Erkrankungen, sie können tödlich enden.

Je früher diese Krankheiten erkannt werden, desto besser sind in der Medizin die Chancen für erfolgreiche Behandlungen. Krebskrankheiten werden behandelt per Chemotherapie, Strahlentherapie, Tumoroperation, Immuntherapie (= Stärkung des körpereigenen Immunsystems) …

Vielfältige Ursachen für die Entstehung von Krebs gibt es, ohne dass die Zusammenhänge damit genau erforscht sind. Zu den Faktoren[4] (= Umständen), die zu Krebs führen oder beitragen können, zählen erbliche Neigung, Veränderungen der Erbanlagen (= Mutationen[5]), Strahlenbelastung, Giftstoffe, Rauchen, Übergewicht, Alkohol, Infektionen, psychische Belastungen (Stress) …

[1] *tumor (lat.) = Schwellung, Geschwulst*
[2] *karkinos (griech.) = Krebs; oma (griech.) = Wachstum*
[3] *metastasis (griech.) = Wanderung, Verlagerung, Veränderung*
[4] *factor (lat.) = jemand, der etwas macht*
[5] *mutatio (lat.) = Änderung, Veränderung*

Tumorkrankheiten

(Blatt 2)

Aufgabe 1: *Was hast du dir vom Text über „Tumorkrankheiten" auf Blatt 1 gemerkt? Antworte bzw. ergänze in Stichwörtern.*

a) *Was sind Tumore im weit gefassten Sinn?*

b) *Was wird unter Tumoren im eng gefassten Sinn verstanden?*

c) *Wie werden bösartige Zellwucherungen in der Umgangssprache bezeichnet?*

d) *Karzinome – was sind das?*

e) *Worum handelt es sich bei Metastasen?*

f) *Wie können sich Metastasen im Körper ausbreiten?*

g) *Wonach werden Krebsarten gewöhnlich benannt?*

h) *Etwa wie viele verschiedene Krebsarten kennt man bisher in der Medizin?*

i) *Nenne verschiedene Behandlungen (= Therapien) von Krebskrankheiten.*

j) *Welche Faktoren z. B. können zur Entstehung von Krebs führen bzw. dazu beitragen?*

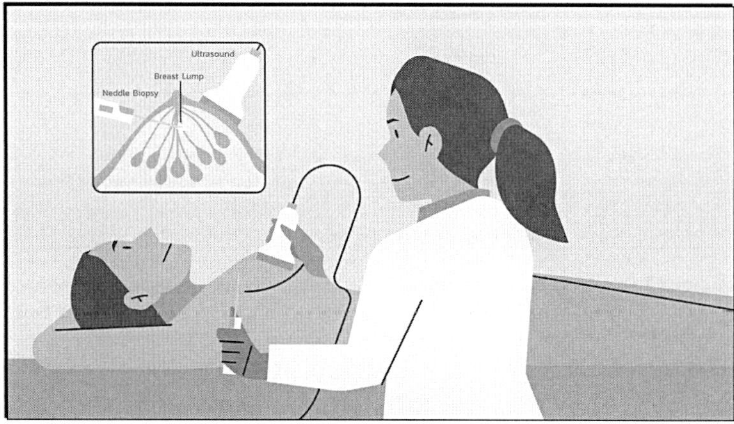

Untersuchung zum Erkennen von Brustkrebs

KOHL VERLAG Allgemeinwissen fördern GESUNDHEIT, KRANKHEITEN UND VERLETZUNGEN – Bestell-Nr. 13 029

15 Autoimmunkrankheiten

Aufgabe 1: *Setze die folgenden 12 Wörter in den anschließenden Sätzen an der jeweils richtigen Stelle ein:*

Antikörper – Bauchspeicheldrüse – Blut – Dinge – Gelenke – Hintergründe – Immunsystem – Insulin – Körper – Personen – Sklerose – Veranlagungen

a) *Sie entstehen dadurch, dass es im Abwehrsystem (= ______________________) des Körpers zu einem Defekt[1] (= Fehlentwicklung) kommt.*

b) *Der Körper stellt her und setzt ____________________ ein, die gesunde, eigene Bestandteile angreifen, schädigen oder sogar zerstören.*

c) *Man kann sagen, der ____________________ attackiert sich sozusagen selbst.*

d) *Die näheren, genauen ____________________, warum der Körper des jeweiligen Menschen so reagiert, sind derzeit bei zahlreichen Autoimmunkrankheiten[2] (noch) nicht (genau) bekannt.*

e) *Angenommen wird, dass verschiedene ______________ dabei zusammenwirken.*

f) *Manche Autoimmunkrankheiten werden ursächlich in der Entstehung sowie in der Heftigkeit im Zusammenhang mit Infektionen (z. B. Virusinfektionen), genetischen ________________________ und Stress gesehen.*

g) *Bei der Stoffwechselkrankheit „Diabetes mellitus Typ 1" erfolgt durch Antikörper die Zerstörung der insulinbildenden Zellen der ____________________________.*

h) *Dadurch fehlt dem Körper das Hormon[3] (= Botenstoff, Wirkstoff) Insulin[4], das den Zucker aus dem ________________________________ in die Zellen treibt.*

i) *Deshalb benötigen Diabeteskranke[5] des Typ 1 die Zufuhr von ________________________ durch z. B. Spritzen.*

j) *Rheumatische Arthritis[6] ist eine Autoimmunkrankheit, bei der sich u. a. ____________________ entzünden und verformen.*

k) *Um eine entzündliche Erkrankung des zentralen Nervensystems handelt es sich bei der Autoimmunkrankheit Multiple ____________________________ (= MS[7]).*

l) *Insgesamt gesehen treten Autoimmunkrankheiten öfter bei weiblichen als bei männlichen __________________________ auf, so ist jedenfalls zu lesen.*

---

[1] *defectus (lat.) = geschwächt, fehlerhaft*
[2] *autos (griech.) = selbst; immunis (griech.) = frei, unempfänglich*
[3] *horme (griech.) = Antrieb*
[4] *Insulin = benannt nach den Langerhansschen Inseln der Bauchspeicheldrüse; insula (lat.) = Insel*
[5] *diabetes (griech.) = Harnruhr; mellitus (griech.) = honigsüß*
[6] *rheumatismos (griech.) = das Fließen; arthron (griech.) = Gelenk, Glied; itis (griech.) = Entzündung*
[7] *multiplex (lat.) = mehrfach, vielfach; sklerosis (griech.) = Härtung, Verhärtung*

16 Psychische Krankheiten (Blatt 1)

Das Fremdwort psychisch steht für das deutsche Wort seelisch. Ausgegangen wird davon, dass die Menschen jeweils nicht nur einen Körper, sondern auch eine Seele besitzen. Im Gegensatz zum Körper ist die darin befindliche Seele nicht sichtbar und nicht anfassbar. Die Seele umfasst das Denken, die Wahrnehmung, das Empfinden, die Gemütslage, das Bewusstsein … des Menschen.

So manche Menschen leiden (sehr) an psychischen Krankheiten.

- Depressionen zu haben gehört zu den seelischen Krankheiten. Wer depressiv ist, fühlt sich sehr betrübt, traurig, unmotiviert.
- Von bipolaren Störungen wird gesprochen, wenn die Stimmung bei Personen extrem zwischen großer Trauer und überschwänglicher Freude schwankt.
- Psychosen sind u. a. gekennzeichnet durch Realitätsverlust und Wahnvorstellungen.

Ebenfalls Sucht- und Abhängigkeitserkrankungen wie z. B. Drogensucht, Spielsucht, Arbeitssucht werden zu den psychischen Krankheiten gerechnet, auch Zwangsstörungen.

ADHS ist die Abkürzung für Aufmerksamkeitsdefizit- und Hyperaktivitätsstörung[5], die in erster Linie bei Kindern und Jugendlichen auftritt. Typisch für ADHS sind mangelnde Konzentrationsfähigkeit, unüberlegtes Handeln sowie ein überhöhter Bewegungsdrang.

Psychiater[6], Psychotherapeuten[7], Psychologen[8] … behandeln psychische Krankheiten.

Die Behandlungen duch Fachexperten verlaufen oft in Form von intensiven Gesprächen mit den Patienten. Zur Behandlung von psychischen Krankheiten dienen auch Medikamente.

[1] psyche (griech.) = Seele
[2] depressio (lat.) = das Niederdrücken
[3] bi (lat.) = zwei;   polos (griech.) = Drehpunkt, Achse
[4] osis (griech.) = Krankheit
[5] deficit (lat.) = es fehlt;   hyper (griech.) = über(mäßig)
[6] iatros (griech.) = Arzt
[7] therapeuein (griech.) = behandeln
[8] logos (griech.) = Kunde, Lehre

Allgemeinwissen fördern
GESUNDHEIT, KRANKHEITEN UND VERLETZUNGEN – Bestell-Nr. 13 029
KOHL VERLAG

16 Psychische Krankheiten

(Blatt 2)

Aufgabe 1: *Du möchtest gern einen Beruf ergreifen, bei dem du Menschen helfen kannst, die an ihrer Seele krank sind. Was musst du z. B. lernen? Fülle die Karteikarten aus.*

Psyche

____

____

____

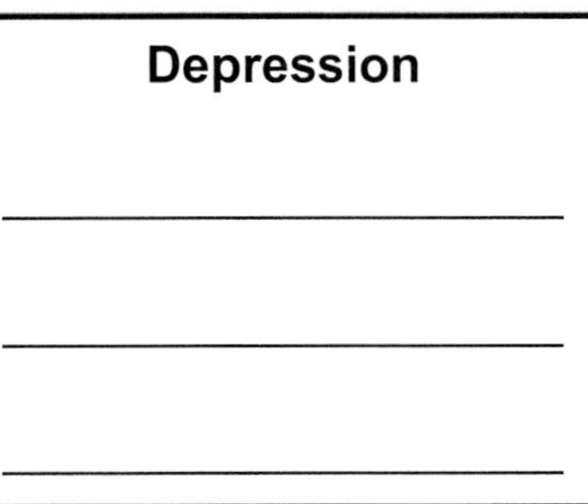

Depression

____

____

____

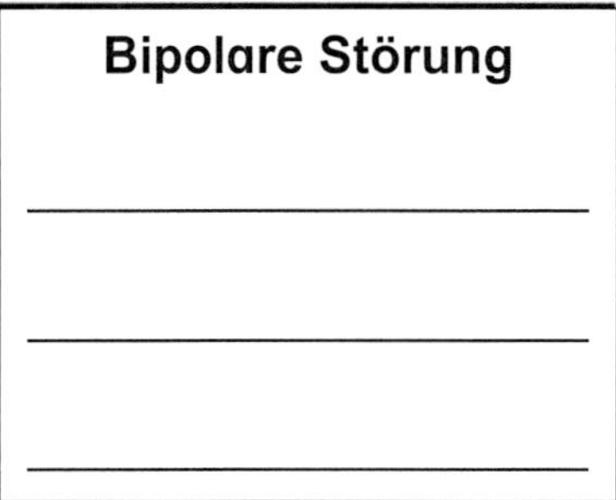

Bipolare Störung

____

____

____

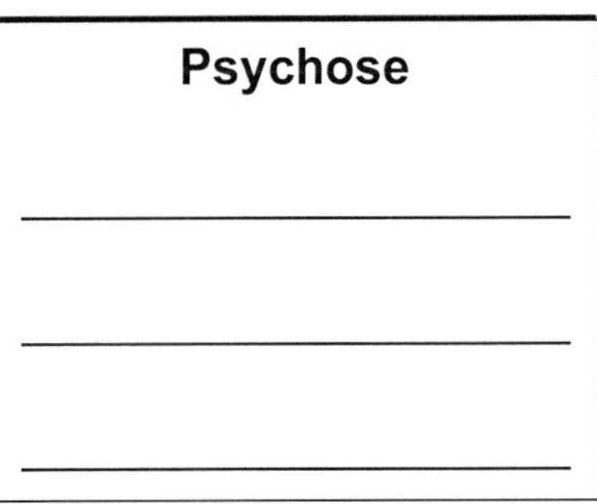

Psychose

____

____

____

ADHS

____

____

____

Psychiater

____

____

____

Psychotherapeut

____

____

____

Psychologe

____

____

____

Übrigens:

Körper und Seele werden als eine Einheit betrachtet, sie beeinflussen sich gegenseitig. Seelische Einflüsse können Auswirkungen auf den körperlichen Zustand haben, mit anderen Worten körperliche Beschwerden/Erkrankungen bewirken. Wenn dies der Fall ist, wird die Bezeichnung psychosomatische[1] Erkrankung gebraucht. Psychosomatische Erkrankungen sind möglich z. B. in Form von Kopfschmerzen, Durchfall, Rückenschmerzen, Juckreiz, Neurodermitis[2] (= Nerven-Haut-Entzündung) und vieles andere mehr. Umgekehrt können körperliche Beschwerden – entstanden z. B. durch Verletzungen – zu psychischen Erkrankungen führen oder diese verstärken.

[1] *soma (griech.) = Körper*
[2] *neuron (griech.) = Nerv; derma (griech.) = Haut; itis (griech.) = Entzündung*

Allgemeinwissen fördern
GESUNDHEIT, KRANKHEITEN UND VERLETZUNGEN – Bestell-Nr. 13 029
KOHL VERLAG

17 Zivilisationskrankheiten – ein Puzzle

Aufgabe 1: **a)** *Bringe die folgenden 10 ungeordneten Puzzle-Teile in die richtige, logische Reihenfolge. Nummeriere die Puzzle-Teile dementsprechend mit den Zahlen von 1 bis 10.*

	In so manchen Staaten leben inzwischen viele Menschen (relativ gesehen) im „Wohlstand“.
	Zivilisationskrankheiten werden hervorgerufen durch Überernährung, Bewegungsmangel, Reizüberflutung per Medien, Leistungsdruck …
	Der Ursprung des Wortes Zivilisation liegt in der lateinischen Sprache: *cives* (lat.) = Bürger; *civilis* (lat.) = bürgerlich
	Die Bezeichnung Zivilisationskrankheiten stammt nicht aus der Medizin, sondern aus der Umgangssprache.
	Die fortgeschrittene Entwicklung hat zu Veränderungen z. B. in der Lebensweise von Menschen geführt.

	Mit dem Begriff Zivilisation ist heutzutage die fortgeschrittene Entwicklung gemeint, die sich u. a. in der Lebensweise von Menschen zeigt.
	Diese ungesunde Lebensführung bringt Zivilisationskrankheiten mit sich.
	Als Zivilisationskrankheiten gelten u. a. Herz-Kreislauf-Erkrankungen, Bluthochdruck, Allergien, Diabetes mellitus Typ 2, Karies …
	Die Folge davon ist oftmals eine ungesunde Lebensweise (= ein ungesunder Lebensstil).
	Anstelle von Zivilisationskrankheiten wird auch der Ausdruck „Wohlstandskrankheiten“ benutzt.

b) *Schreibe den Text der 10 Puzzle-Teile in der richtigen, logischen Reihenfolge auf.*

KOHL VERLAG
Allgemeinwissen fördern
GESUNDHEIT, KRANKHEITEN UND VERLETZUNGEN – Bestell-Nr. 13 029

18 Krankheiten von A… bis Z… (Blatt 1)

Aufgabe 1: *Welche Krankheiten fallen dir bzw. euch ein, deren Namen mit den anschließend vorgegebenen Buchstaben beginnen?*

A

____

B

____

C

____

D

____

E

____

F

____

G

____

H

____

I

____

J

____

K

____

L

____

Allgemeinwissen fördern
GESUNDHEIT, KRANKHEITEN UND VERLETZUNGEN – Bestell-Nr. 13 029
KOHL VERLAG

18 Krankheiten von A... bis Z... (Blatt 2)

<u>Fortsetzung Aufgabe 1</u>: *Welche Krankheiten fallen dir bzw. euch ein, deren Namen mit den anschließend vorgegebenen Buchstaben beginnen?*

M

____

N

____

O

____

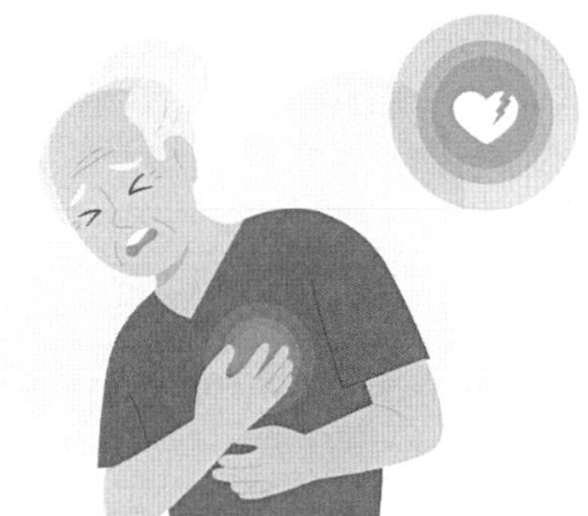

P

____

R

____

S

____

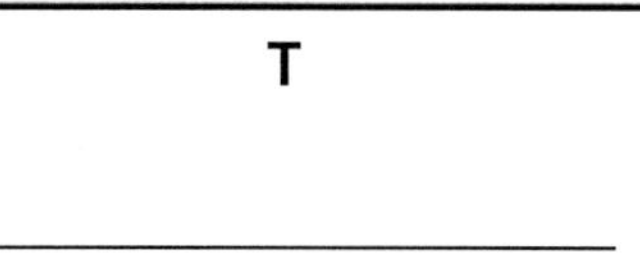

T

____

U

____

V

____

W

____

Z

____

KOHL VERLAG Lernen mit Erfolg
Allgemeinwissen fördern
GESUNDHEIT, KRANKHEITEN UND VERLETZUNGEN
Bestell-Nr. 13 029

Der Steckbrief einer Krankheit

Aufgabe 1:
- *Wähle eine beliebige Krankheit aus, die dich vielleicht besonders interessiert oder an der eine bestimmte Person erkrankt ist bzw. schon einmal erkrankt war.*
- *Informiere dich über diese Krankheit (z. B. im Internet) und fülle anschließend den Steckbrief aus.*

Bezeichnung der Krankheit:	Erklärung der Bezeichnung:
______________________	______________________
______________________	______________________
______________________	______________________

Art der Krankheit:

____

____

Ursache(n) der Krankheit:

____

____

____

Symptome (≈ Anzeichen, Kennzeichen) der Krankheit:

____

____

____

Verlauf der Krankheit:

____

____

____

Zeitdauer der Krankheit:

____

Therapie (≈ Behandlung) der Krankheit:

____

____

____

Prävention (≈ Vorbeugung) gegen die Krankheit:

____

____

____

Sonstiges zur Krankheit:

____

____

____

Allgemeinwissen fördern GESUNDHEIT, KRANKHEITEN UND VERLETZUNGEN – Bestell-Nr. 13 029
KOHL VERLAG

20 Schmerzen

Schmerzen sind Sinneswahrnehmungen (= Empfindungen), die weh tun. Sie ergeben sich oft dadurch, dass Nerven am und im Körper bestimmte Reize wahrnehmen und zum Gehirn weiterleiten. Im Gehirn werden die Reize ausgewertet und bewertet, woraufhin der Körper reagiert, möglicherweise mit einem Reflex[1]. Beispiel für einen Reflex: Wenn jemand einen zu heißen Topf mit der Hand anfasst, reagiert die Person darauf gewöhnlich, indem sie ihre Hand sofort zurückzieht.

Schmerzen sind Warnsignale, sie können u. a. auf Verletzungen oder Krankheiten hinweisen. Jeder Mensch hat ein anderes Schmerzempfinden. Die einen sind schmerzempfindlicher als andere. Gefühlt werden Schmerzen z. B. als Stiche, Bohrungen, Ziehen, Schnitte, Verspannungen …

Das Gehirn bestimmt, wo die jeweilige Person Schmerzen verspürt. Diese werden in der Umgangssprache normalerweise danach benannt, wo sie im Körper auftreten – wie z. B. Kopfschmerzen, Halsschmerzen, Rückenschmerzen, Bauchschmerzen, Knieschmerzen. Als Phantomschmerzen werden durch das Gehirn Schmerzen Körperteilen zugeordnet, die gar nicht mehr vorhanden sind, in den meisten Fällen nach einer Amputation[2].

Gesprochen wird von körperlichen (= physischen) und seelischen (= psychischen) Schmerzen. Sie stehen des Öfteren miteinander im Zusammenhang. Körper und Seele gelten bekanntlich als eine Einheit.

Ein Sprichwort lautet: „Der Körper heilt schneller als die Seele."

Aufgabe 1: *Das merke ich mir zum Thema Schmerzen:*

____

____

____

____

____

Aufgabe 2: *Hast du Fragen zum Thema Schmerzen? Wenn ja, notiere deine Fragen.*

____

____

____

____

____

[1] *reflectere (lat.) = zurückdrehen*
[2] *amputatio (lat.) = das Abschneiden, das Entfernen*

Allgemeinwissen fördern
GESUNDHEIT, KRANKHEITEN UND VERLETZUNGEN – Bestell-Nr. 13 029
KOHL VERLAG Lernen mit Erfolg

21 Die Schmerz-Skala

Wie werden Schmerzen jeweils empfunden? Dafür wird u. a. von Ärzten meistens die von 1 bis 10 reichende Schmerz-Skala benutzt.

Aufgabe 1: a) *Wie würdest du die Abschnitte 2 bis 9 der vorliegenden Schmerz-Skala bezeichnen? Trage deine Vorschläge in die entsprechenden Felder ein.*

b) *Kennzeichne die Abschnitte 1 bis 10 der Schmerz-Skala mit passenden Farben.*

10	größter unerträglicher Schmerz
9	
8	
7	
6	
5	
4	
3	
2	
1	sehr geringer Schmerz

KOHL VERLAG Allgemeinwissen fördern GESUNDHEIT, KRANKHEITEN UND VERLETZUNGEN – Bestell-Nr. 13 029

22 Das Immunsystem des Menschen

Aufgabe 1: *Ordne den folgenden 10 Fragen die anschließend genannten 10 Antworten richtig zu.*

Die 10 Fragen:

1. Was bedeutet das Wort immun in der Medizin?	
2. Wozu dient das körpereigene Immunsystem?	
3. Welche Organe sind Bestandteile des Immunsystems des Menschen?	
4. Wie werden in den Körper eingedrungene fremde Stoffe bezeichnet?	
5. Was sind Antikörper?	
6. Welche Zellen gelten im Immunsystem sozusagen als „Polizisten“?	
7. Lymphozyten – was sind das?	
8. Was können B-Zellen bilden?	
9. Was sind Makrophagen?	
10. Wozu sind die sogenannten Gedächtniszellen fähig?	

Die 10 Antworten:

- *Antigene;*
- *Antikörper;*
- *besondere weiße Blutkörperchen, die auf die spezielle Bekämpfung von Krankheitserregern … spezialisiert sind;*
- *Eiweißstoffe des Körpers, die sich gegen körperfremde Stoffe richten;*
- *erkennen Krankheitserreger … wieder und aktivieren daraufhin das Immunsystem schnell;*
- *große Zellen, die Krankheitserreger … auffressen;*
- *Haut, Knochenmark, Milz, Mandeln, Thymusdrüse …;*
- *Krankheitserreger, Fremdstoffe und entartete Körperzellen zu bekämpfen und zu entfernen;*
- *unempfindlich für eine Krankheit zu sein;*
- *weiße Blutkörperchen (= Leukozyten)*

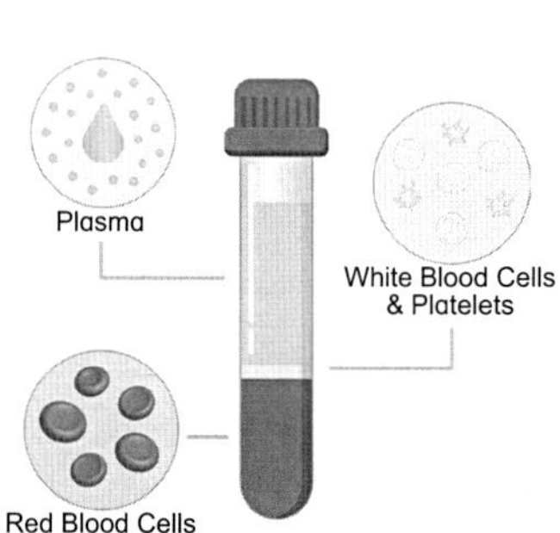

KOHL VERLAG Allgemeinwissen fördern GESUNDHEIT, KRANKHEITEN UND VERLETZUNGEN – Bestell-Nr. 13 029

Aids

(Blatt 1)

Die Krankheit Aids ist ein exemplarisches Beispiel dafür, dass das Immunsystem des Menschen angegriffen und heftig beeinträchtigt werden kann. Aids steht als Kurzwort für die englischsprachige Bezeichnung „**a**cquired **i**mmune **d**eficiency **s**yndrome“. Diese Bezeichnung lässt sich in die deutsche Sprache übersetzen mit „erworbenes Immunschwäche-Krankheitsbild“.

Bei Aids handelt es sich um eine durch sogenannte **HIV**[1]-Viren bei Menschen ausgelöste gefährliche Krankheit, die das Immunsystem massiv schwächt. Übertragen wird die ansteckende Krankheit nicht durch die Luft, sondern durch Körperflüssigkeiten, in denen sich die oben genannten Viren befinden.

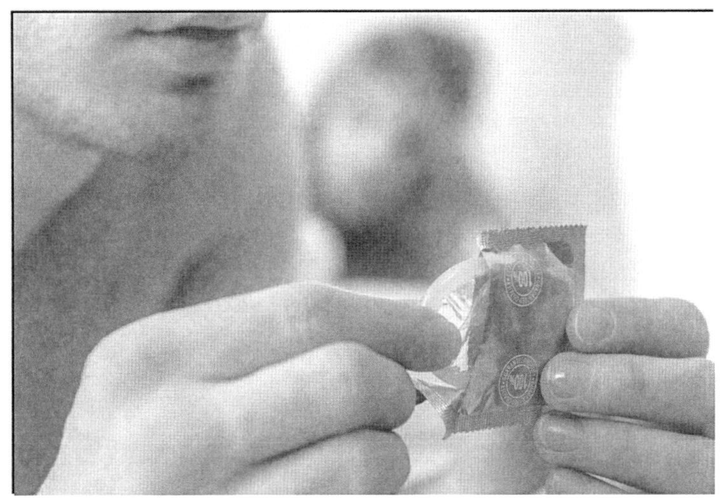

Die Übertragung kann beim ungeschützten Geschlechtsverkehr mit einer infizierten Person oder durch gemeinsam benutzte Injektionsnadeln bei der Zuführung von Drogen und durch Blutübertragungen erfolgen.

Eingedrungene HIV-Viren sind imstande, sich im Körper des Menschen stark zu vermehren, indem die Krankheitserreger dafür Körperzellen des Immunsystems umfunktionieren, ja missbrauchen. Durch HIV-Viren wird das Immunsystem des Menschen zunehmend schwächer und anfälliger für vielfältige Krankheitserscheinungen.

Weltweit sind an Aids unzählige Menschen gestorben. Inzwischen gibt es zwar bessere Medikamente zur Behandlung von Aids, u. a. solche, die …

- die Vermehrung von HIV-Viren im Körper verhindern sollen;
- den Ausbruch der Krankheit hinauszögern oder sogar verhindern sollen.

Jedoch gilt die Krankheit Aids bisher nicht als heilbar.

[1] *HIV = Humanes Immundefizienz-Virus, (Menschliches Immunschwäche-Virus)*

23 Aids

(Blatt 2)

Aufgabe 1: *Lese den Text auf Blatt 1 sorgfältig und ergänze die fehlenden Angaben.*

1. Dafür ist die Krankheit Aids ein exemplarisches Beispiel:	
2. Die einzelnen Buchstaben des aus der englischen Sprache stammenden Kurzwortes Aids stehen für:	
3. So kann man das Kurzwort Aids in die deutsche Sprache übersetzen:	
4. Durch sie wird die Krankheit Aids ausgelöst:	
5. Dadurch wird Aids nicht übertragen:	
6. Aids wird übertragen durch:	
7. Beispiele für die Übertragung von Aids sind:	
8. Das gelingt den HIV-Viren im Körper von Menschen:	
9. Solche Medikamente zur Behandlung von Aids gibt es mittlerweile:	
10. Als dies gilt die Krankheit Aids bislang nicht:	

Allgemeinwissen fördern
GESUNDHEIT, KRANKHEITEN UND VERLETZUNGEN – Bestell-Nr. 13 029

24 Kreuzworträtsel 1

Aufgabe 1: *Gesucht werden waagerecht 11 Wörter (je Kasten 1 Großbuchstabe). Dann ergibt sich senkrecht (in der Mitte hervorgehoben) schließlich ein Lösungswort.*

1. Langsam, schleichend verlaufende Krankheiten, die oft nicht (ganz) geheilt werden können, nennt man so.
2. Sie hat zu „Wohlstandskrankheiten" geführt.
3. eine Infektionskrankheit
4. Fachwort für die Seele
5. eine Stoffwechselkrankheit
6. Bei dieser Krankheit kommt es zu unkontrollierten Muskelzuckungen.

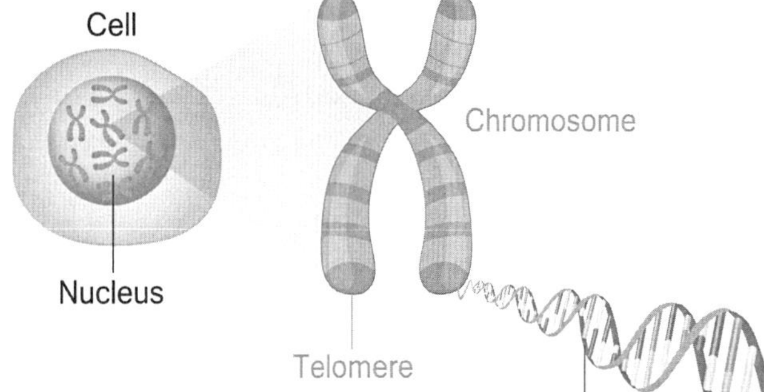

7. Chromosomen ist der Fachausdruck für die Träger der ... .
8. Antibiotika gegen Viren
9. Sie können vermehrt auftreten z. B. durch radioaktive Strahlung.
10. Der Mensch hat über 25.000 davon.
11. Dadurch können Krankheitserreger in den Körper eines Menschen gelangen.

KOHL VERLAG Allgemeinwissen fördern GESUNDHEIT, KRANKHEITEN UND VERLETZUNGEN – Bestell-Nr. 13 029

25 Unfälle und Folgen

Unter Unfällen werden plötzliche, nicht vorhersehbare Ereignisse verstanden, die unbeabsichtigt sind und von außen erfolgen sowie wirken. Dabei kann es zu Personen- und/ oder Sachschäden kommen. Es gibt verschiedene Arten von Unfällen, z. B.: Sturzunfälle, Verkehrsunfälle, Haushaltsunfälle, Arbeitsunfälle, Sportunfälle …

Durch Unfälle können sich Krankheiten verschlimmern oder sie können dadurch überhaupt erst entstehen. Die Bandbreite der durch Unfälle möglichen Personenschäden ist sehr umfangreich, sie reicht von leichten bis hin zu schwerwiegenden Schädigungen des Körpers der betroffenen Menschen.

Die Schädigungen können vorübergehend bestehen oder für immer. Chemieunfälle können u. a. Vergiftungen zur Folge haben. Unfälle können Verbrennungen bewirken, großflächige Verbrennungen am Körper können wiederum die sogenannte Verbrennungskrankheit hervorrufen.

Zu den schwerwiegenden Schädigungen des Körpers von Menschen zählt u. a. die Querschnittslähmung, die auch unfallbedingt möglich ist. Im Zusammenhang mit Unfällen wird u. a. in der Medizin bei Personenschäden meistens von Verletzungen gesprochen.

Aufgabe 1: *Fasse den Inhalt des vorherigen Textes in 5 oder 6 eigenen Sätzen zusammen.*

KOHL VERLAG Allgemeinwissen fördern GESUNDHEIT, KRANKHEITEN UND VERLETZUNGEN – Bestell-Nr. 13 029

26 Verletzungen (Einstieg)

In der Medizin werden bei Menschen unter Verletzungen Schädigungen verstanden. Gesprochen wird dabei von körperlichen Verletzungen und seelischen Verletzungen.

Körperliche Verletzungen entstehen häufig durch Ausüben von Kraft (z. B. durch Stöße, Schläge, Quetschungen). Folge von körperlichen Verletzungen können u. a. sein: Wunden, Prellungen, Knochenbrüche.

Seelische Verletzungen betreffen die psychische[1] Verfassung von Menschen, wirken sich negativ darauf aus. Körperliche Verletzungen können sich seelisch auswirken, seelische Verletzungen wiederum körperlich. Schwere seelische Verletzungen bezeichnet man als Traumata[2]. Seelische Verletzungen werden durch Psychotherapie[3] behandelt.

Häufig werden Verletzungen hervorgerufen durch Unfälle, Überbeanspruchungen des (eigenen) Körpers und Gewaltanwendung. Unterschieden wird zwischen leichten Verletzungen, schweren Verletzungen und tödlichen Verletzungen.

Aufgabe 1: *Du hast den vorherigen Text gelesen. Was kannst du nun zum Thema Verletzungen sagen? Schreibe selbst formulierte ganze Sätze auf.*

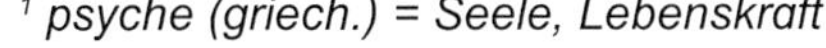

[1] *psyche (griech.) = Seele, Lebenskraft*
[2] *trauma (griech.) = Wunde*
[3] *therapeia (griech.) = Dienst, Pflege, Hilfe*

KOHL VERLAG
Allgemeinwissen fördern
GESUNDHEIT, KRANKHEITEN UND VERLETZUNGEN – Bestell-Nr. 13 029

27 Umgang mit Verletzungen

Verletzungen gilt es ernst zu nehmen, auch leichte Verletzungen. Aus manchen leichten Verletzungen können schwere Verletzungen oder Krankheiten werden. Verletzungen sollte man (also) nicht unterschätzen.

Bei (leichten) Sportverletzungen (z. B. Muskelverletzungen) wird empfohlen, sich nach der sogenannten PECH-Regel zu richten. Jeder einzelne Buchstabe des Wortes PECH hat dabei eine bestimmte Bedeutung:

- Mit dem Buchstaben P ist **Pause** gemeint. Bei Verletzungen heißt es zu pausieren, den verletzten Körperteil nicht weiter zu belasten, sondern zu schonen.
- Der Buchstabe E im Wort PECH steht als Abkürzung für **Eis**. Eis bedeutet, das verletzte Körperteil zu kühlen (z. B. per Eisbeutel, Kältepackung oder Eisspray), um der Anschwellung der verletzten Stelle entgegenzuwirken.
- Das C im Wort PECH bildet die Abkürzung für **compression** (engl.) = Kompression, Zusammendrücken. Ein fester, aber nicht zu fest gebundener Verband um die verletzte Stelle dient zur Ruhigstellung und soll u. a. verhindern, dass sich dort viel Gewebeflüssigkeit ansammelt.
- Schließlich steht das H im Wort PECH für **Hochlagerung**. Zielsetzung des Hochlagerns des verletzten Körperteils (über Herzhöhe) ist es, dazu beizutragen, den Fluss des Blutes zu verbessern sowie Schmerzen zu lindern.

Verschlimmert sich die jeweilige Verletzung, ist es in jedem Fall angebracht, eine Arztpraxis aufzusuchen. Mittelschwere und schwere Verletzungen erfordern sofortige ärztliche Hilfe …

Aufgabe 1: *Erkläre die PECH-Regel in eigenen Sätzen.*

____

____

____

____

Aufgabe 2: *Beschreibe den Umgang mit/die Behandlung einer Verletzung, die du selbst erlitten hast.*

____

____

____

____

____

KOHL VERLAG Allgemeinwissen fördern GESUNDHEIT, KRANKHEITEN UND VERLETZUNGEN – Bestell-Nr. 13 029

28 Wunden

Aufgabe 1: *Ergänze im nachfolgenden Text die bei einigen Wörtern fehlenden Buchstaben.*

a) *Bei so __an__hen __erlet__ungen __ntst__hen __un__en .*

b) *Unter Wunden __er__en meistens Verletzungen __ers__anden, bei denen __ie __a__t und darunterliegendes __e__ebe des __ör__ers __urch__rennt __or__en sind.*

c) *Häufig __ei__en Wunden __lut__ngen auf – dann, wenn __lut__efäße __ufge__is-sen oder ganz und gar __er__tört sind.*

d) *Wunden __erla__fen verschieden tief in den Körper __in__in.*

e) *In der __e__el __om__t es zu Wunden durch __inwir__ung von äußerer __e__alt.*

f) *__ntersc__ieden werden __isswu__den, __iss__unden, S__hnit__wunden, Sti__hwunden, __lat__wunden, __uets__hwunden, __rat__wunden, __chü__f-wunden …*

g) *Mit z. B. einem __fla__ter __st es __öglich, kleine __berfl__chliche Wunden zu __ede__ken.*

h) *Früher __ar es (auch) __bli__h, s__lc__e Wunden an der __u__t __roc__nen zu __as__en.*

i) *Inz__isc__en wird __orges__hlagen, auf __lei__e Wunden ein s__eziel__es __euch__es __und__eilungspr__parat (= ein Gel) __ufzu__ragen.*

j) *Damit __o__len das __indri__gen von winzigen __rankheit__errege__n in die Wunde __bge__ehrt sowie die __und__eilung __eför__ert __er__en.*

Aufgabe 2: *Was sollte man unbedingt sonst noch über Wunden und deren Behandlung wissen? Informiere dich z. B. im Internet und notiere erhaltene Informationen selbst formuliert (mindestens 5 Sätze).*

[1] *vulnus (lat.) = Wunde, Verletzung*

Allgemeinwissen fördern
GESUNDHEIT, KRANKHEITEN UND VERLETZUNGEN – Bestell-Nr. 13 029
KOHL VERLAG

29 Erste Hilfe (I)

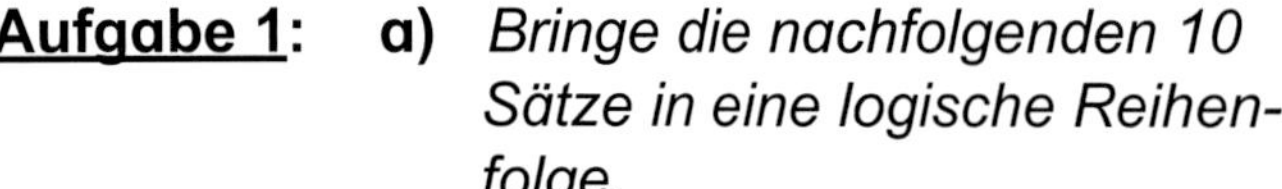

Aufgabe 1: **a)** *Bringe die nachfolgenden 10 Sätze in eine logische Reihenfolge.*

Welcher Satz sollte an 1. Stelle stehen, welcher Satz an 2. Stelle, welcher Satz an 3. Stelle usw.?

Nummeriere die Sätze dementsprechend mit den Zahlen von 1 bis 10.

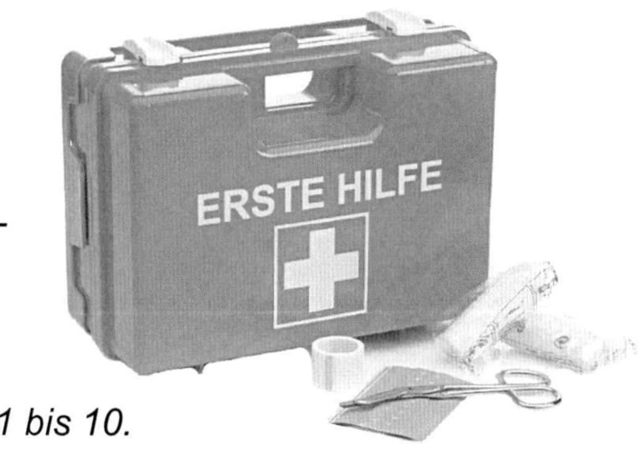

	Was ist passiert?
	Schließlich muss man auf etwaige (weitere) Rückfragen warten und versuchen, darauf Antworten zu geben.
	Beim Anruf gilt es zu sagen, vor allem zu beantworten:
	Die Pflicht besteht, Hilfe zu leisten.
	Wie viele Personen sind betroffen, verletzt?
	Mit Erster Hilfe ist gemeint, (verletzten oder kranken …) Menschen in Notsituationen (z. B. Unfall) sogleich zu helfen.
	Welche (vermutlichen) Verletzungen/Erkrankungen liegen vor?
	Dazu gehört in ernsthaften Notsituationen, die Telefon-Nr. 112 (= Rettungsdienst oder Feuerwehr) und/bzw. die Telefon-Nr. 110 (= Polizei) zu wählen.
	Wo genau ist es geschehen?
	Wie heißt die Person, die anruft?

b) *Schreibe jetzt die 10 Sätze in einer logischen Reihenfolge vollständig auf.*

KOHL VERLAG
Allgemeinwissen fördern
GESUNDHEIT, KRANKHEITEN UND VERLETZUNGEN – Bestell-Nr. 13 029

30 Erste Hilfe (II)

Aufgabe 1: *Setze in den anschließenden 12 Sätzen jeweils am Satzende ein passendes Wort ein. (Lösungshilfe unten)*

a) *Allein mit dem Anruf beim Rettungsdienst oder bei der Feuerwehr und/oder bei de Polizei ist es keineswegs ______________________.*

b) *Erste Hilfe verlangt (weitaus) ______________________.*

c) *Zumindest bis zum Eintreffen des Rettungsdienstes, der Feuerwehr oder der Polizei ist es die Aufgabe, sich vor Ort um die in einer Notsituation befindlichen Personen intensiv zu ______________________.*

d) *Sprich die jeweiligen Personen ______________________.*

e) *Bemühe dich, sie mit Worten zu beruhigen, zu ______________________.*

f) *Überprüfe aber zuerst, ob die jeweiligen Personen noch atmen (z. B. am Mund, an einer Wange oder am ______________________).*

g) *Schüttele eventuell die Person vorsichtig für ganz kurze ______________________.*

h) *Wenn die Person nicht mehr atmet, beginne sofort mit der Herz-Druck- ______________________.*

i) *Drücke dabei mit deinen unteren Handballen im schnellen Takt (ca. 100- bis 120-mal je Minute) bei der Person auf das ______________________.*

j) *Dadurch soll sauerstoffreiches Blut u. a. in das Gehirn gepumpt ______________________.*

k) *Setze die Herz-Druck-Massage fort, bis bei der Person hoffentlich wieder das Herz schlägt und die Atmung wieder ______________________.*

l) *Führe notfalls die Herz-Druck-Massage so lange durch, bis der Rettungsdienst vor Ort eintrifft und die Behandlung ______________________.*

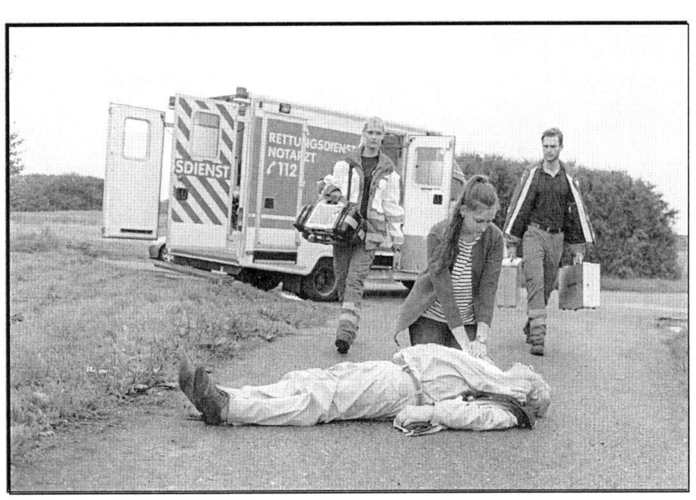

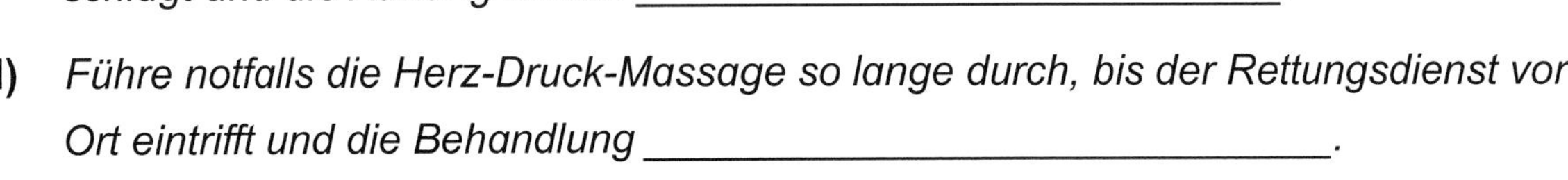

Lösungshilfe: einsetzbare Wörter in alphabetischer Reihenfolge:
an – Brustbein – einsetzt – getan – Hals – kümmern – Massage – mehr – trösten – übernimmt – werden – Zeit

KOHL VERLAG – Allgemeinwissen fördern GESUNDHEIT, KRANKHEITEN UND VERLETZUNGEN – Bestell-Nr. 13 029

Erste Hilfe (III)

Notfälle und Sofortmaßnahmen

Aufgabe 1: *Ordne die nachfolgenden genannten 10 Notfälle den anschließend erwähnten Sofortmaßnahmen richtig zu.*

Blutung – Epileptischer Anfall – Hitzschlag – Insektenstich – Knochenbruch – Schock – Stromschlag – Verätzung – Verbrennung – Vergiftung

	Notfälle	Sofortmaßnahmen
1.		Ruhigstellung des betroffenen Körperbereiches; Stelle nicht bewegen; evtl. Stock oder Schiene anlegen;
2.		Mit einem Wundschnellverband oder Verbandspäckchen behandeln; evtl. Druckverband;
3.		Stelle sofort kühlen mit kaltem Wasser; evtl. einen sterilen Verband anbringen;
4.		Person flach im Schatten hinlegen; reichlich zu trinken geben; enge Kleidung öffnen;
5.		Stromquelle abschalten, wenn nicht möglich, Stromkreis unterbrechen; Person aus der Gefahrenzone ziehen;
6.		Betroffene Körperregion mit viel (fließendem) Wasser spülen;
7.		Erbrechen herbeiführen durch Reizen des hinteren Rachens … per Zeigefinger; Oberkörper einschließlich Kopf der Person nach vorn beugen;
8.		Eiswürfel lutschen (lassen), wenn der Mund-Rachen-Raum betroffen ist; sofern an einer anderen Stelle, diese mit Zitronensaft einreiben;
9.		Person flach lagern, deren Beine schräg anheben und (leicht) erhöht lagern; evtl. die Person mit einer Decke wärmen;
10.		Kopf der Person schützen z. B. mit einer Jacke oder einem Kissen; Gegenstände wegschaffen, damit sich die Person möglichst nicht selbst verletzen kann; nach dem Krampf die Person in eine stabile Seitenlage bringen;

KOHL VERLAG Allgemeinwissen fördern GESUNDHEIT, KRANKHEITEN UND VERLETZUNGEN – Bestell-Nr. 13 029

Erste Hilfe (IV) – Die stabile Seitenlage und der Rautek-Griff (Blatt 1)

Zur Ersten Hilfe gehören u. a. die stabile Seitenlage und der Rautek-Griff. Die korrekten Ausführungen beider Techniken sind auf Blatt 2 bildhaft dargestellt. Angewendet wird die stabile Seitenlage, damit die jeweilige in eine Notlage geratene Person möglichst frei atmen kann. Durch die stabile Seitenlage sollen die Atemwege freigehalten werden. Erbrochenes sowie Blut sollen abfließen können, die Person nicht ersticken.

Der Rautek-Griff dient dazu, verunglückte Personen aus Gefahrenzonen zu bergen (z. B. aus Autos). Benannt ist der Rautek-Griff nach dem Österreicher Franz Rautek (1902-1989).

Durchführung des Rautek-Griffes:

1. Hinter die verunglückte Person stellen, an Schultern/Nacken fassen, vorsichtig aufrichten.
2. Die Person mit dem Rücken am Helferknie abstützen.
3. Von hinten mit beiden Armen unter die Achselhöhlen der verunglückten Person greifen, einen Unterarm fassen.
4. Die verunglückte Person vorsichtig rückwärts aus der Gefahrenzone ziehen.

Aufgabe 1: *Übe mehrmals zusammen mit einem Partner die Anwendung der stabilen Seitenlage sowie des Rautek-Griffes.*

Aufgabe 2: *Was kannst du nun zum Thema Erste Hilfe sagen? Schreibe deinen zusammenhängenden Text auf einem anderen Blatt (auf dem du noch korrigieren kannst) vor und danach in Reinschrift hier oder auf einem Extrablatt auf.*

KOHL VERLAG Allgemeinwissen fördern GESUNDHEIT, KRANKHEITEN UND VERLETZUNGEN – Bestell-Nr. 13 029

Die stabile Seitenlage

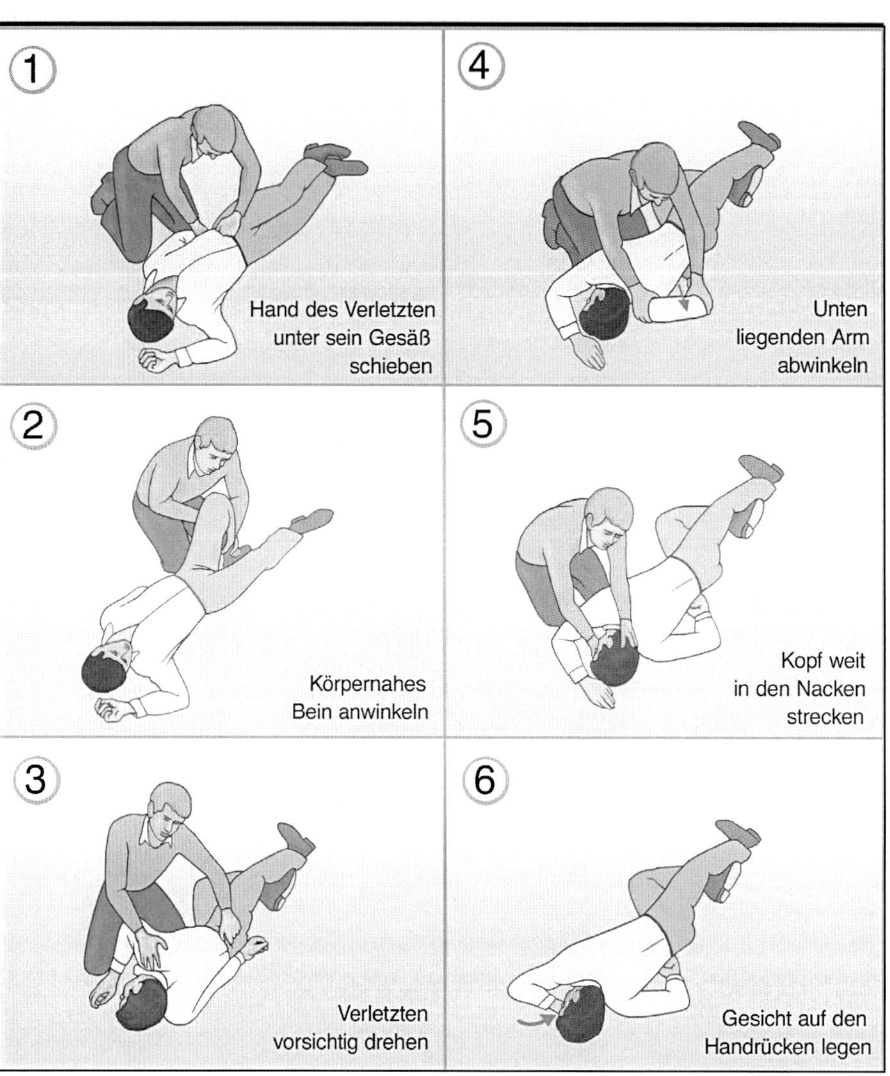

Der Rautek-Griff

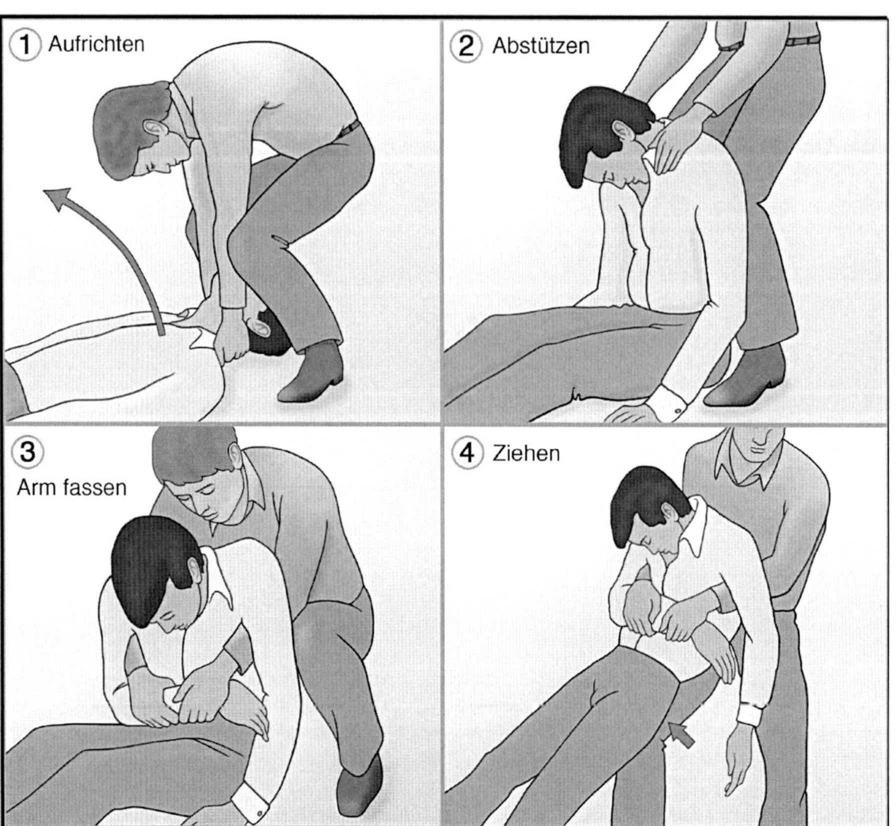

KOHL VERLAG
Allgemeinwissen fördern

33 Hausapotheke

Das Wort Apotheke stammt aus der griechischen Sprache: *apotheke* (griech.) = Lager, Speicher, Aufbewahrungsort

In Apotheken erhält man Medikamente (Medizin, Arznei) sowie manche Medizinprodukte (= Instrumente, Geräte). Unter Hausapotheken versteht man Medizinprodukte und Medikamente, die man für den Notfall zu Hause als Vorrat bereit haben sollte.

Zur Hausapotheke sollten (unbedingt) gehören:

diese Gegenstände:

1. Pfl___st___r
2. Sch___r___
3. P___nz___tt___
4. B___nd___n (___l___st___sch)
5. S___ch___rh___ ___tsn___d___ln
6. W___ndschn___llv___rb___nd___
7. K___mpr___ss___n
8. K___hlk___mpr___ss___n
9. M___llb___nd___n
10. F___ ___b___rth___rm___m___t___r
11. W___rmfl___sch___
12. Z___ck___nz___ng___
13. ___rst___-H___lf___-___nl___ ___t___ng
14. L___st___ m___t N___tf___ll - R___fn___mm___rn

+ weiterhin aus der Apotheke Mittel gegen:

15. D___rchf___ll
16. ___rk___lt___ng
17. ___b___lk___ ___t, ___rbr___ch___n
18. ___ns___kt___nst___ch___
19. S___nn___nbr___nd
20. S___dbr___nn___n
21. V___rst___pf___ng
22. W___nd___nf___kt___ ___n
23. Schm___rz___n
24. ___ ___sspr___y
25. H___ ___ls___lb___

…

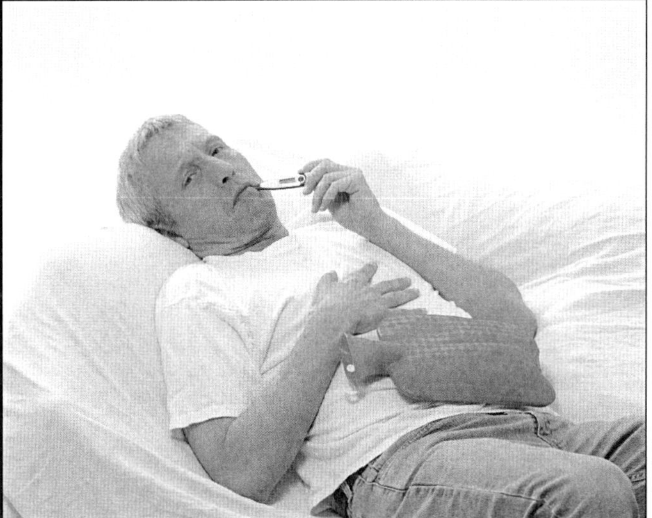

Aufgabe 1: *Ergänze in den oben aufgelisteten Wörtern die fehlenden Vokale (= Selbstlaute).*

Allgemeinwissen fördern
GESUNDHEIT, KRANKHEITEN UND VERLETZUNGEN – Bestell-Nr. 13 029
KOHL VERLAG

Impfungen (I)

Impfungen sind bisher in erster Linie dafür bestimmt, Infektionskrankheiten vorzubeugen bzw. diese zu bekämpfen. Impfen bedeutet bei Menschen: Die Personen bekommen Impfstoffe in den Körper, meistens per Spritze. Dier Impfungen sollen bewirken, dass die Personen gegen gewisse Infektionskrankheiten immun (= unempfindlich) werden, z. B. gegen Grippe.

Gesprochen wird von aktiven Impfungen und passiven Impfungen.

- Bei aktiven Impfungen werden dem Körper tote Krankheitserreger, abgeschwächte Krankheitserreger bzw. deren Gifte zugeführt. Dadurch wird das jeweilige körperliche Immunsystem dazu veranlasst, ja herausgefordert, selbst tätig zu werden, u. a. Antikörper zu bilden.
- Im Gegensatz dazu setzt man bei passiven Impfungen keine toten Krankheitserreger, keine abgeschwächten Krankheitserreger bzw. deren Gifte ein. Vielmehr erhält der Körper Abwehrstoffe geimpft.

Aktive Impfungen bieten einen längeren Schutz als passive Impfungen. In der Regel haben Impfungen keine negativen Folgen, jedoch sind diese nicht gänzlich auszuschließen.

Aufgabe 1: *Beantworte in eigenen Sätzen:*

a) *Wozu dienen Impfungen?*

____

____

____

____

b) *Impfen – was ist damit gemeint?*

____

____

____

____

____

____

c) *Was ist der Unterschied zwischen aktiven Impfungen und passiven Impfungen?*

____

____

____

____

____

____

d) *Was lässt sich über die Folgen von Impfungen sagen?*

Allgemeinwissen fördern

35 Impfungen (II)

Dem britischen Landarzt Edward Jenner (1743-1829) wird zugeschrieben, der Erfinder (= „Vater") des Impfens – gemeint im heutigen Sinne – zu sein. Ende des 18. Jahrhunderts setzte der Arzt mit Erfolg erstmals Kuhpocken bei der Behandlung ein, um damit Menschen gegen die gefährlichen Pocken immun zu machen.

Inzwischen gibt es Möglichkeiten zu Impfungen gegen zahlreiche weitere Infektionskrankheiten.

- Schutzimpfungen gegen manche Infektionskrankheiten wirken gewöhnlich lebenslang (u. a. gegen Mumps, Röteln).
- Andere Schutzimpfungen müssen zwischendurch wieder aufgefrischt werden (z. B. gegen Tetanus und Diphterie etwa alle 10 Jahre).

Die weitaus meisten Impfungen erfolgen per Spritze. Es gab und gibt aber auch noch Schluckimpfungen, d. h. die Einnahme des jeweiligen Impfstoffes erfolgt durch den Mund. Schluckimpfungen finden z. B. bei Säuglingen statt. In Deutschland bestehen (derzeit) keine Impfpflichten für Erwachsene, jedoch Empfehlungen, sich impfen zu lassen.

In der Medizin wird daran gearbeitet, die Entstehung von Krebsarten durch Impfungen mit mRNA-Impfstoffen bekämpfen zu können.

Aufgabe 1: *Zum Thema Impfungen halte ich für wichtig zu wissen:*

Allgemeinwissen fördern GESUNDHEIT, KRANKHEITEN UND VERLETZUNGEN – Bestell-Nr. 13 029
KOHL VERLAG

Impfungen (III) – mRNA-Impfstoffe

Aufgabe 1:

- *Hier sind einige Stichwörter zum Thema „mRNA-Impfstoffe“ genannt. An diesen kannst du dich bei der Aufgabe orientieren.*
- *Informiere dich zunächst im Internet über mRNA-Impfstoffe und suche dabei nach den Stichwörtern. Verfasse danach über mRNA-Impfstoffe einen Text in vollständigen Sätzen.*

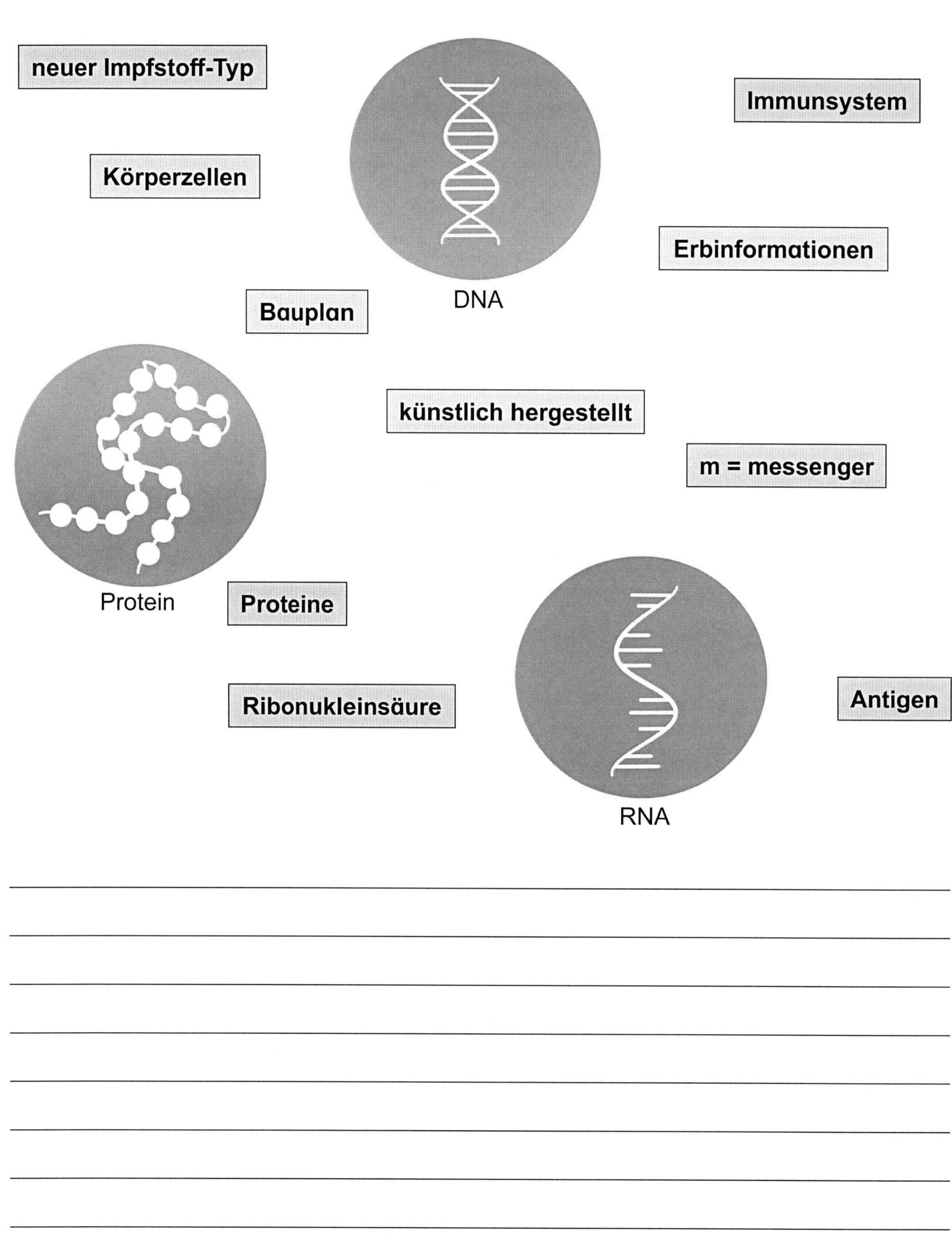

Allgemeinwissen fördern

37 Das bin ich

Aufgabe 1: *Fülle deinen persönlichen Steckbrief über deine Gesundheit aus.*
Hinweis zu Teil e): Kreuze an, was auf dich zutrifft.

a) Wie heißt du? ______________________

b) Wann bist du geboren? ______________

c) Wie groß bist du? ______________

d) Wie schwer bist du? ______________

Foto

e) Wie beurteilst du derzeit dein gesundheitliches Befinden?

Meine Gesundheit ist zur Zeit …

1	2	3	4	5	6	7	8	9	10
sehr schlecht		schlecht		mittelmäßig		gut		sehr gut	

f) Welche Verletzungen hattest du bisher?

____

____

____

____

____

g) Welche Krankheiten hattest du bisher?

____

____

____

____

____

i) Wogegen wurdest du bisher geimpft?

____

____

____

j) Auf welche Stoffe reagiert dein Körper allergisch ?

____

____

____

k) Welche Blutgruppe hast du? ______________________

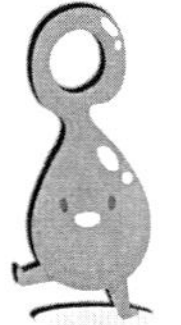

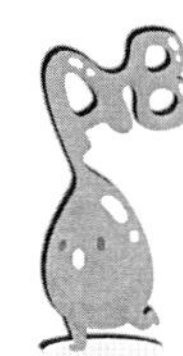

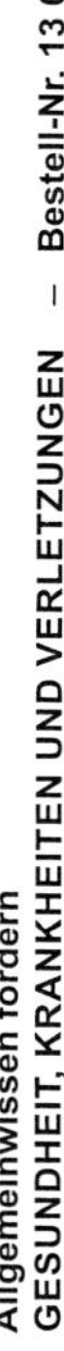

38 Einige medizinische Instrumente und Geräte (Blatt 1)

Aufgabe 1: *Ordne die Namen der folgenden 20 medizinischen Instrumente bzw. Geräte (= Medizinprodukte)*

a) *den Bildern unten und auf Blatt 2 richtig zu und*

b) *den kurzen Erklärungen auf Blatt 3 richtig zu.*

Biopsiezange – Blutdruckmessgerät – Defibrillator – Dialysegerät – Endoskop – Fieberthermometer – Hammer – Herzfrequenzgerät – Inhalator – Kanüle – Katheter – Pinzette – Pipette – Pupillenleuchte – Röntgengerät – Skalpell – Sterilisator – Stethoskop – Stimmgabel – Ultraschallgerät

1.

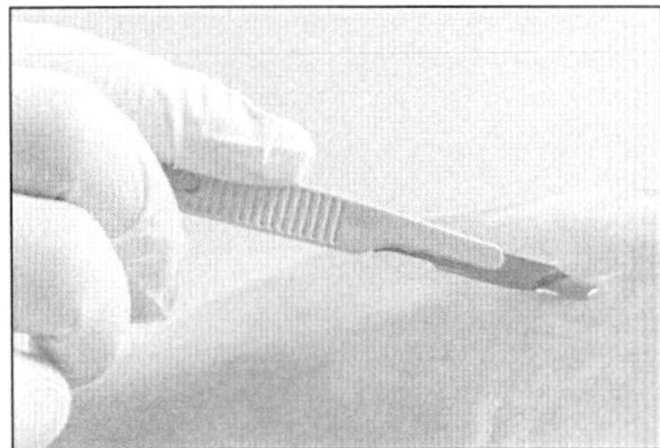

____

2.

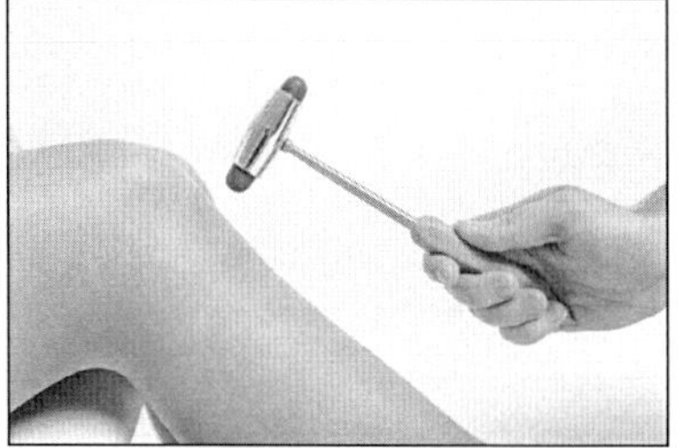

____

3.

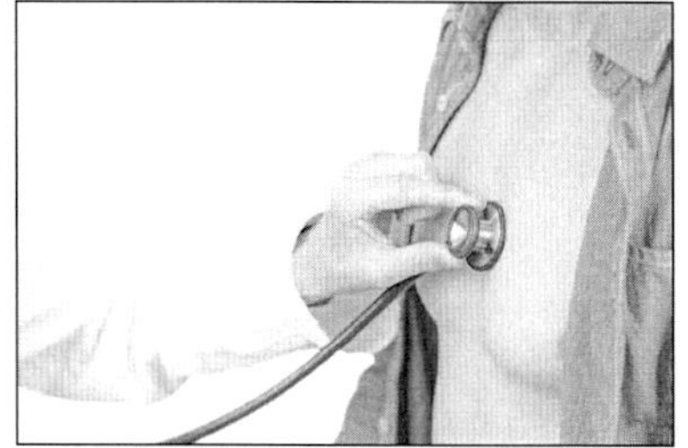

____

4.

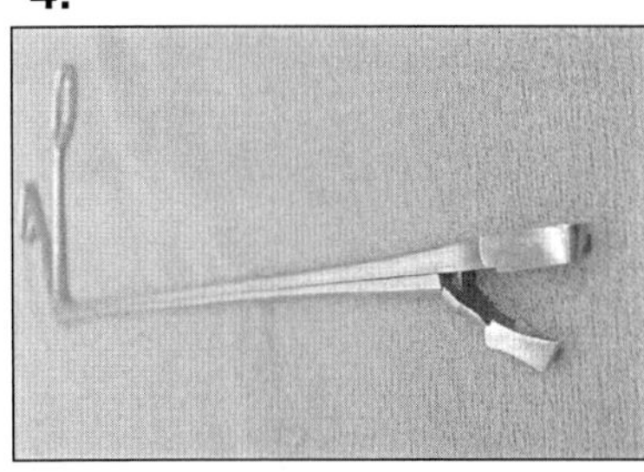

____

5.

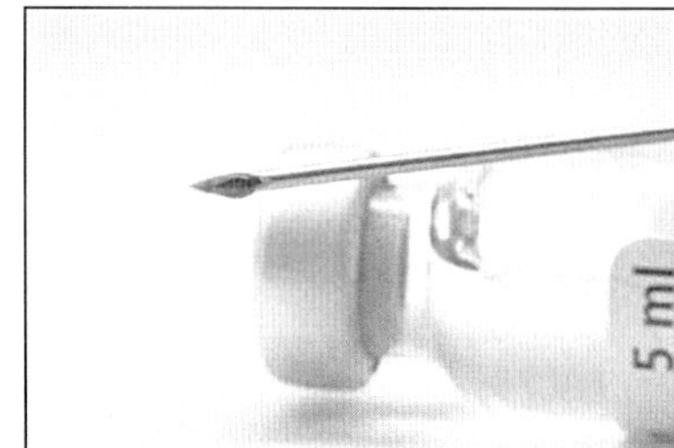

____

6.

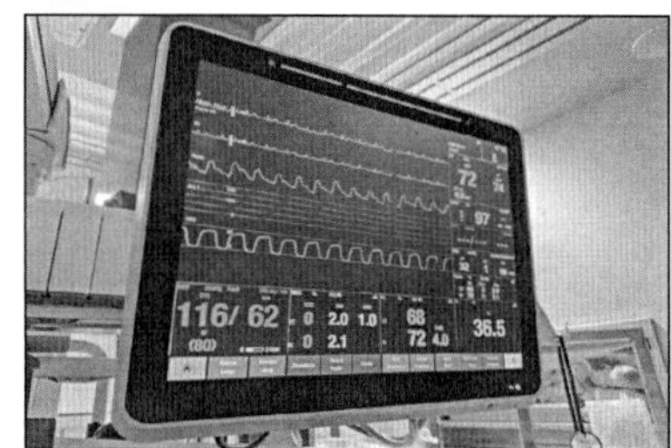

____

7.

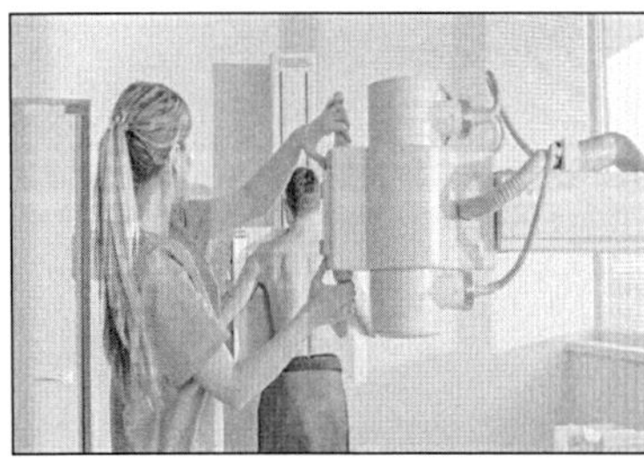

____

8.

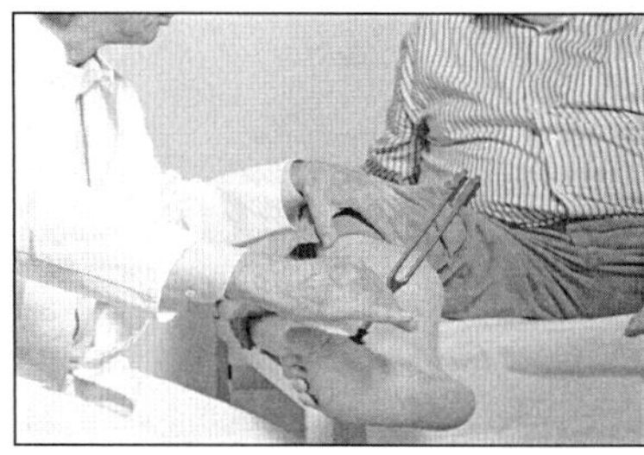

____

9.

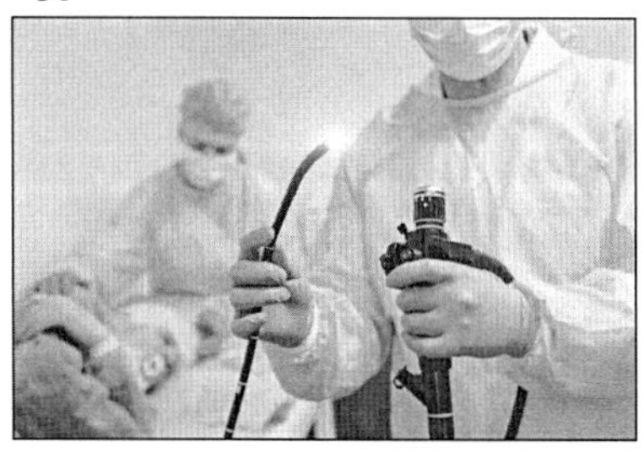

____

Allgemeinwissen fördern
GESUNDHEIT, KRANKHEITEN UND VERLETZUNGEN
KOHL VERLAG

Einige medizinische Instrumente und Geräte (Blatt 2)

Fortsetzung Aufg. 1:

10.

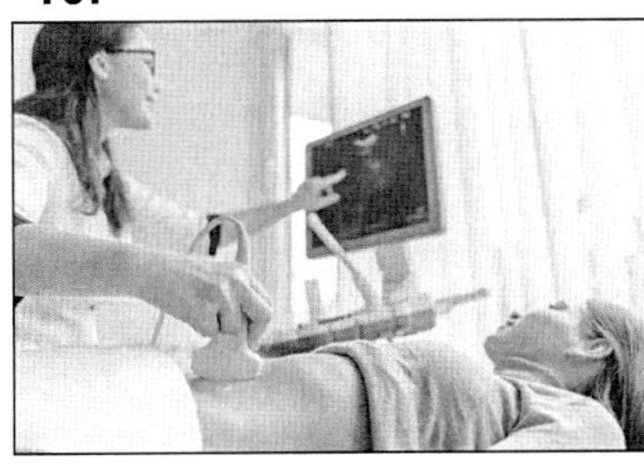

11.

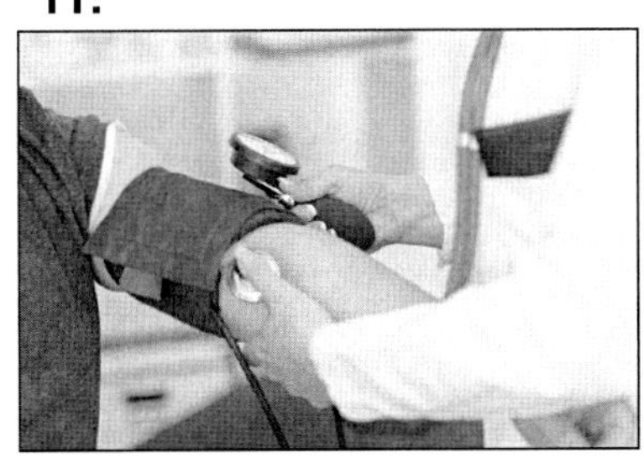

12.

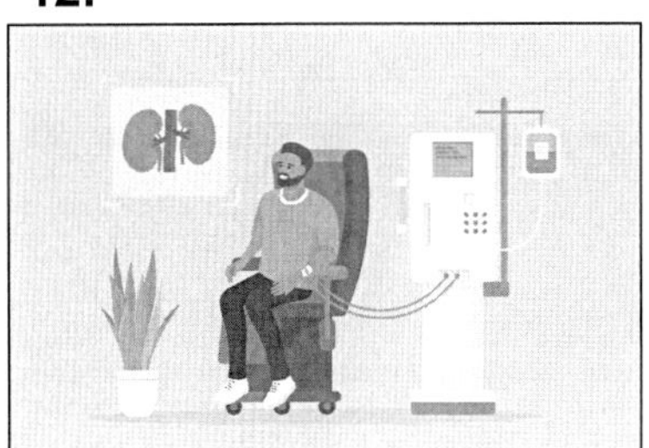

13.

14.

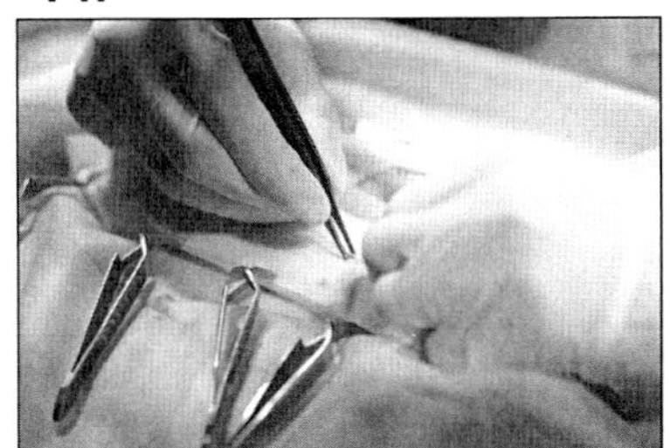

15.

16.

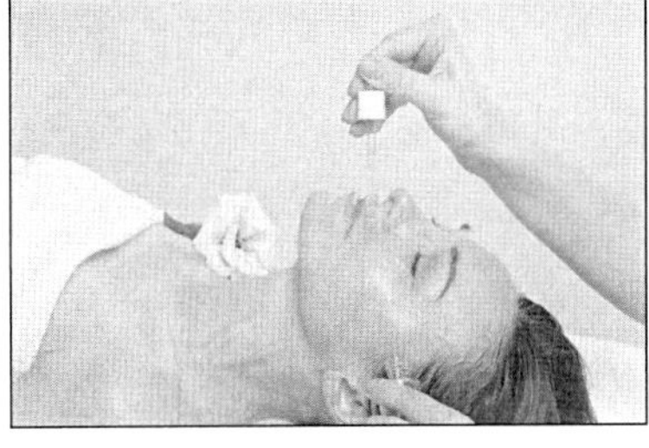

17.

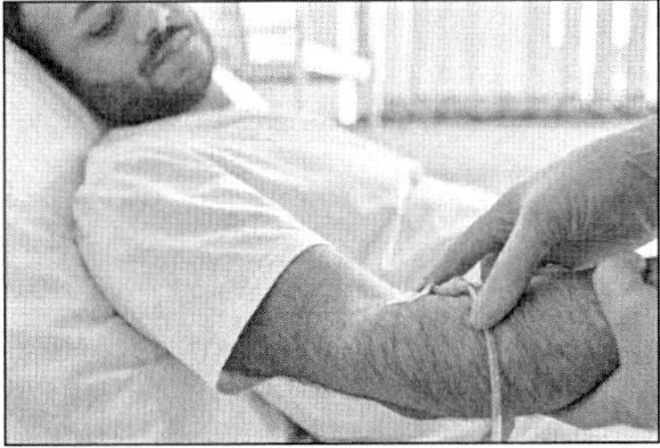

18.

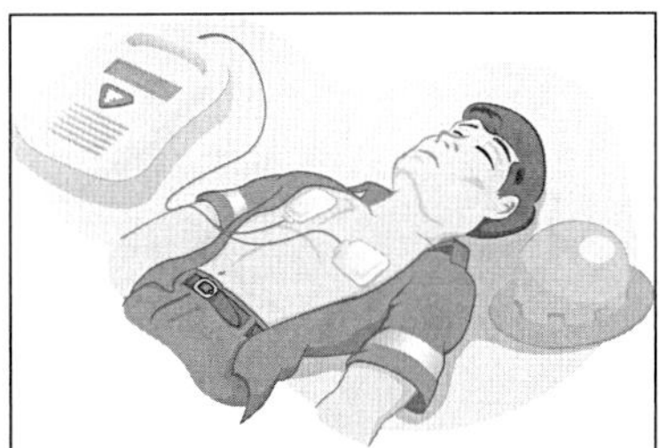

19.

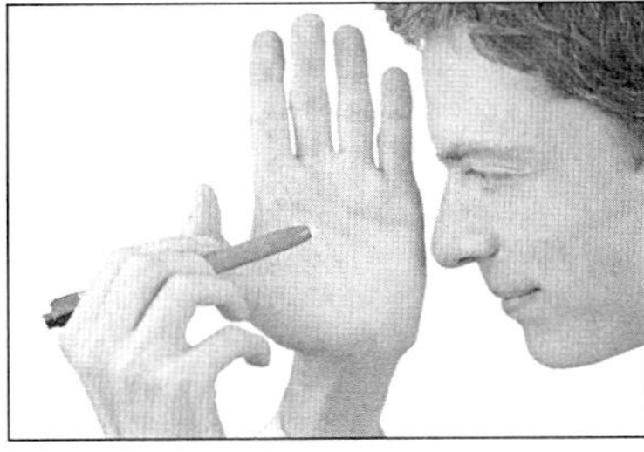

20.

KOHL VERLAG Allgemeinwissen fördern GESUNDHEIT, KRANKHEITEN UND VERLETZUNGEN – Bestell-Nr. 13 029

38 Einige medizinische Instrumente und Geräte (Blatt 3)

Fortsetzung Aufg. 1:

	Hörrohr zum Abhorchen des Brustbereiches
	Messer, bei Operationen eingesetzt
	stellt die Körpertemperatur fest
	ermittelt die Kraft, mit der Blut fließt
	registriert den Pulsschlag
	Gerät zum Einatmen von z. B. Dämpfen
	Hohlnadel, Injektionsnadel
	dient zum Entfernen von kleinen Fremdkörpern aus Wunden, Körperöffnungen
	Glasröhrchen, das die Zufuhr von Flüssigkeiten dosiert
	testet die Reflexe
	Instrument zur Entleerung, Spülung oder Befüllung von Körperhohlorganen
	bestimmt zur Entnahme von Gewebe aus dem Körper
	Hilfsmittel zur Überprüfung des Gehörs bzw. des Tastempfindens
	Hilfsmittel zur Kontrolle der Augen
	Instrument mit elektrischer Lichtquelle sowie Spiegel zur Untersuchung von Körperhöhlen
	Gerät zur Beendigung von Herzrhythmusstörungen, wie Kammer- oder Vorhofflimmern
	tötet Krankheitserreger wie z. B. Bakterien ab
	liefert Bilder vom Körperinneren mittels Schallwellen
	durchleuchtet den Körper mit Strahlen
	reinigt das Blut, ermöglicht die Behandlung von Nierenkrankheiten

Aufgabe 2: *Kennst du weitere medizinische Instrumente bzw. Geräte? Wenn ja, ergänze die Tabelle unten links mit den Namen der medizinischen Instrumente bzw. Geräte. Notiere rechts daneben, wozu diese Medizinprodukte dienen. Schreibe auf einem Extrablatt.*

KOHL VERLAG Allgemeinwissen fördern GESUNDHEIT KRANKHEITEN UND VERLETZUNGEN – Bestell-Nr. 13 029

39 CT und MRT

CT steht als Abkürzung für **C**omputer**t**omographie, MRT als Abkürzung für **M**agnet**r**esonanz**t**omographie. Die Computertomographie und die Magnetresonanztomographen sind zwei moderne Techniken. Beide Verfahren ermöglichen es, einen näheren Einblick in das Innere von lebenden Körpern zu bekommen, ohne sie zu öffnen. Damit tragen die Verfahren wesentlich dazu bei, etwaige Verletzungen oder Krankheiten im Körper zu erkennen und daraufhin behandeln zu können.

Computertomographie ist ein aus verschiedenen Sprachen zusammengesetzter Begriff:

computare (lat.) = (be)rechnen; computer (engl.) = Rechner; tomé (griech.) = Schnitt; graphein (griech.) = schreiben, zeichnen

Die Computertomographien, die im Gerät Computertomograph durchgeführt werden, erfolgen mit Hilfe von Röntgenstrahlen. Im Gegensatz zu herkömmlichen Röntgenuntersuchungen durchqueren bei der Computertomographie Röntgenstrahlen aus diversen Winkeln den jeweiligen Körper. Der Computer erstellt an Hand von ermittelten Messwerten räumliche Bilder vom Körperinneren. Die Computertomographie entstand in den siebziger Jahren des 20. Jahrhunderts.

Auch die Bezeichnung Magnetresonanztomographie setzt sich aus verschiedenen Bestandteilen zusammen:

magnes lapis (lat.) = Magnetgestein; magnetis lithos (griech.) = Magnetgestein; resonantia (lat.) = Widerhall; tomé (griech.) = Schnitt; graphein (griech.) = schreiben, zeichnen

Die Magnetresonanztomographie verwendet keine Röntgenstrahlen[1], sondern arbeitet mit erzeugten Magnetfeldern sowie Radiowellen. Aufgrund der Resonanz von Atomkernen im Körperinneren berechnet der Computer des Magnetresonanztomographen, wie das Körperinnere zusammengesetzt ist und stellt davon räumliche Bilder her.

Für die Magnetresonanztomographie wird auch der Begriff Kernspintomographie[2] gebraucht. Seit den achtziger Jahren des 20. Jahrhunderts gibt es die Magnetresonanztomographie.

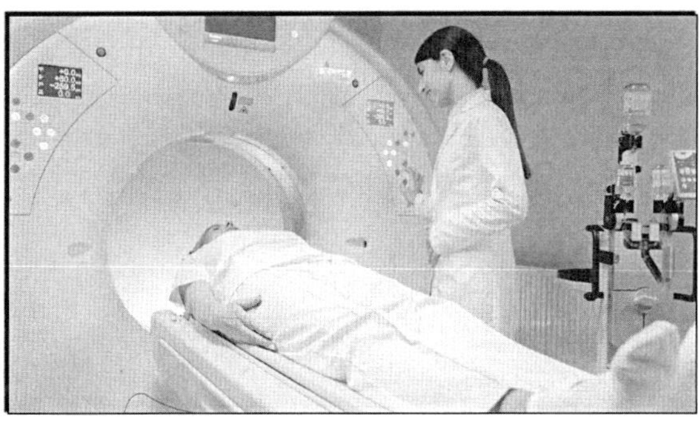

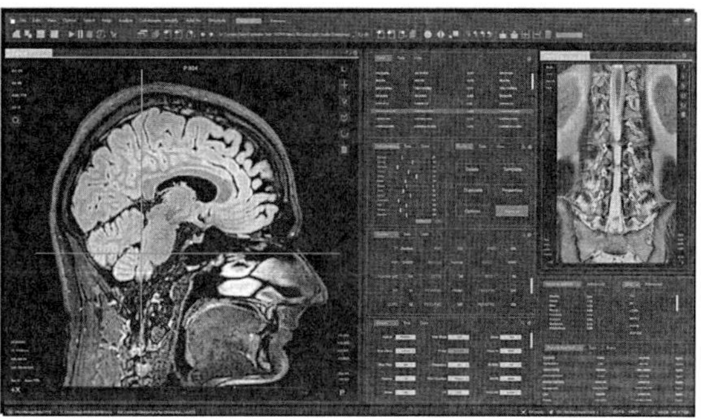

Aufgabe 1: *Was kannst du nun zum Thema CT und MRT sagen? Formuliere eigene Sätze.*

____

____

____

____

[1] Häufige Röntgenbestrahlungen können sich schädlich auf Lebewesen auswirken.
[2] Kernspin = Drehanstoß eines Atomkerns

40 Drogen und Sucht (I)

Aufgabe 1: *In den nachfolgenden 12 Sätzen fehlt jeweils das erste Wort. Setze jeweils ein passendes Wort als Satzanfang ein. (Lösungshilfe unten)*

1. ____________________ Wort Drogen gelangte möglicherweise ausgehend von der niederländischen in die deutsche Sprache: droog (niederl.) = trocken

2. ________________ wurden und werden oft aus (getrockneten) Pflanzen gewonnen.

3. ________________________ einen gibt es Arzneidrogen (= Arzneimittel), die in der Medizin zur Bekämpfung von Krankheiten, als Heilmittel und/oder zur Linderung von Schmerzen benutzt werden.

4. ________________________ versteht man in der Umgangssprache unter Drogen – im negativen Sinne – Rauschmittel (= Rauschgifte), die zur Sucht führen, d. h. Menschen süchtig und krank machen (können).

5. __________________________ manche Drogenabhängige sterben an ihrer Sucht.

6. _______________________ Einnahme von Drogen bewirkt gewöhnlich anfangs ein besonderes Glücksgefühl, nach dem Konsum sind jedoch quälende Entzugserscheinungen zu spüren.

7. _____________________ wird das Verlangen nach weiteren Drogen immer größer.

8. ________________________ unterscheidet zwischen illegalen und legalen Drogen.

9. ______________________ den illegalen (= nicht erlaubten) Drogen zählen Heroin, Kokain, Marihuana …

10. ______________________ Gegensatz dazu gehören zu den legalen[1] (= erlaubten) Drogen Alkohol, Nikotin, Kaffee …

11. ___________________ der Drogensucht treten auch sogenannte stoffungebundene Formen der Sucht auf.

12. ________________________ dafür sind die Spielsucht, Kaufsucht, Arbeitssucht …

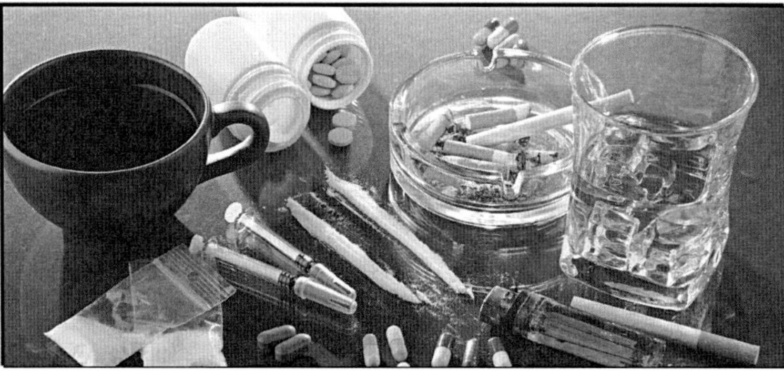

Lösungshilfe: einsetzbare Wörter in alphabetischer Reihenfolge:
Außer – Beispiele – Das – Demgegenüber – Die – Drogen –
Im – Man – Nun – So – Zu – Zum

[1] *legalis (lat.) = gesetzmäßig*

KOHL VERLAG Allgemeinwissen fördern GESUNDHEIT, KRANKHEITEN UND VERLETZUNGEN – Bestell-Nr. 13 029

41 Drogen und Sucht (II)

Aufgabe 1: *Deine Meinung ist gefragt. Was meinst du zu den folgenden 10 Aussagen?*

1. „Wer süchtig ist, hat selbst Schuld."

2. „Süchtigen zu helfen nützt nichts. Sie können sich nur aus eigenem Antrieb von ihrer Sucht befreien."

3. „Süchtige sind willensschwach."

4. „Drogensüchtige sind kranke Menschen, die Hilfe brauchen."

5. „Drogenabhängige sind kriminell und müssen deshalb bestraft werden."

6. „Leichte Drogen sollten freigegeben werden, harte Drogen nicht."

7. „Alle Drogen sollten legalisiert werden."

8. „Auch Drogen wie Nikotin und Alkohol müssten verboten werden."

9. „Jeder Mensch kann süchtig werden."

10. „Hinter jeder Sucht verbirgt sich eine Sehnsucht."

___

___

___

___

___

___

___

___

___

___

___

___

___

KOHL VERLAG Allgemeinwissen fördern GESUNDHEIT, KRANKHEITEN UND VERLETZUNGEN – Bestell-Nr. 13 029

42 Krankenversicherung

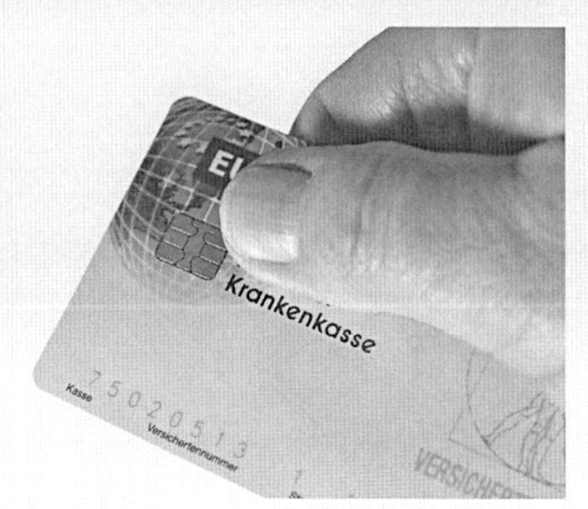

In der Bundesrepublik Deutschland bestehen die 5 Sozialversicherungen:

- Krankenversicherung,
- Unfallversicherung,
- Rentenversicherung,
- Arbeitslosenversicherung,
- Pflegeversicherung

Bei diesen Versicherungen handelt es sich um Pflichtversicherungen.

Die Krankenversicherung gibt es in Deutschland seit dem Jahr 1883. Diverse gesetzliche Krankenkassen bieten den Bürgern die Krankenversicherung an. Die Versicherten leisten regelmäßig Beiträge an ihre jeweilige Krankenkasse – in der Regel abgezogen vom Bruttoverdienst. Die gesetzlichen Krankenkassen erhalten finanzielle Beiträge jeweils zur Hälfte von den jeweiligen Versicherten sowie ebenfalls zur Hälfte von deren Arbeitgebern. Dafür zahlen die Krankenkassen Geld an Ärzte, Krankenhäuser, Physiotherapeuten … , wenn Versicherte medizinische Behandlungen … in Anspruch nehmen.

Die allermeisten Bürger in Deutschland sind an die gesetzliche Krankenversicherung gebunden, d. h. sind Mitglied einer gesetzlichen Krankenkasse. Andere Bürger (Beamte, Selbstständige, Freiberufler …) sind bei jeweils einem Versicherungsunternehmen nicht gesetzlich, sondern privat krankenversichert. Die Abkürzung für die gesetzliche Krankenversicherung lautet GKV, für die private Krankenversicherung PKV.

In der Krankenversicherung sind Heranwachsende gewöhnlich über ihre Eltern mitversichert (Familienversicherung!), ab Beginn der eigenen Berufstätigkeit aber nicht mehr.

Aufgabe 1: *Das weiß ich nun über die Krankenversicherung in Deutschland:*

KOHL VERLAG Allgemeinwissen fördern GESUNDHEIT, KRANKHEITEN UND VERLETZUNGEN – Bestell-Nr. 12 029

43 Gesund bzw. krank

Aufgabe 1:
- *Macht euch zunächst allein Gedanken darüber, welche Dinge, welche Verhaltensweisen die Gesundheit günstig oder negativ beeinflussen. Tragt eure Ansichten in die Tabelle ein.*
- *Diskutiert dann mit einem Partner darüber und ergänzt eure Tabelle.*

Was ist gesund?	Was macht krank?

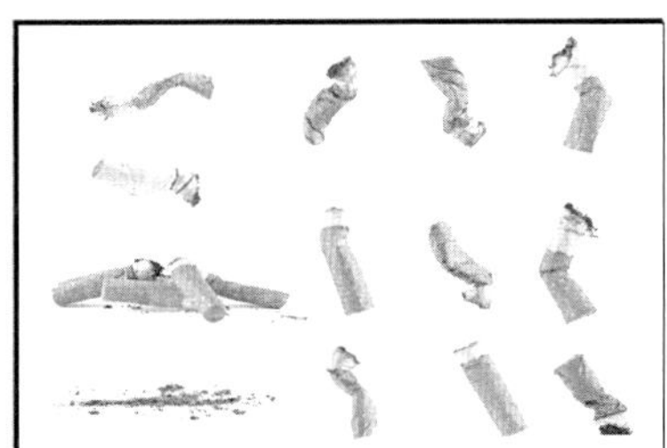

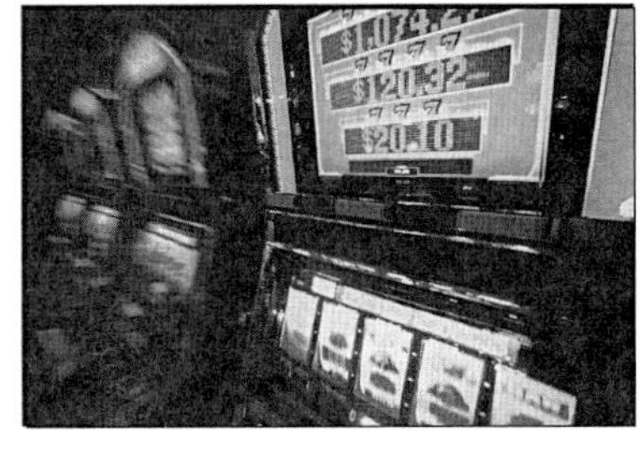

44 Kreuzworträtsel 2

Aufgabe 1: *Gesucht werden waagerecht 12 Wörter (je Kasten 1 Großbuchstabe). Dann ergibt sich senkrecht (in der Mitte hervorgehoben) schließlich die Lösung.*

1. Diesen Beruf hatte der „Vater des Impfens“.
2. Mit ihr kann man Verbandsmaterial kürzen.
3. Sie ist über die Telefonnummer 112 erreichbar.
4. Erste Hilfe zu leisten ist eine …
5. Nach diesem Österreicher ist eine Rettungstechnik benannt.
6. eine Art von Impfung
7. Eine wichtige Regel bei Verletzungen ist so benannt.
8. Das kann bei Chemieunfällen passieren.
9. Auch danach kann man süchtig werden.
10. Es kann evtl. in einer Psychotherapie geheilt werden.
11. Sie bewirkt ein Freihalten der Atemwege.
12. Man bekommt sie in der Apotheke.

45 Test oder Quiz (I)

Aufgabe 1: *Zu den nachfolgenden 6 Fragen werden jeweils 4 Antwortmöglichkeiten genannt. Stets ist nur eine der 4 Antwortmöglichkeiten richtig.*

Kreuze im Test entsprechend an bzw. nenne im Quiz jeweils die richtige Antwort.

1. Auf wie viele Hauptmahlzeiten sollte man die tägliche Nahrungsaufnahme verteilen?

A	2 Hauptmahlzeiten	**B**	3 Hauptmahlzeiten
C	4 Hauptmahlzeiten	**D**	5 Hauptmahlzeiten

2. Wie oft sollte man täglich seine Zähne mindestens putzen?

A	einmal	**B**	zweimal
C	dreimal	**D**	viermal

3. Welche tägliche Bewegungszeit wird von Ärzten empfohlen?

A	mind. 30 Minuten	**B**	mind. 60 Minuten
C	mind. 90 Minuten	**D**	mind. 120 Minuten

4. Als Medizin wird bezeichnet die Lehre von … ?

A	der Gesundheit	**B**	den Krankheiten
C	den Verletzungen	**D**	der Heilkunst

5. Viele medizinische Fachausdrücke stammen aus dem Griechischen oder aus der Sprache … ?

A	Englisch	**B**	Französisch
C	Latein	**D**	Arabisch

6. Etwa wie viele Krankheiten sind bisher bekannt?

A	10.000 Krankheiten	**B**	30.000 Krankheiten
C	50.000 Krankheiten	**D**	70.000 Krankheiten

KOHL VERLAG Allgemeinwissen fördern GESUNDHEIT, KRANKHEITEN UND VERLETZUNGEN – Bestell-Nr. 13 029

46 Test oder Quiz (II)

Aufgabe 1: *Zu den nachfolgenden 6 Fragen werden jeweils 4 Antwortmöglichkeiten genannt. Stets ist nur eine der 4 Antwortmöglichkeiten richtig.*

Kreuze im Test entsprechend an bzw. nenne im Quiz jeweils die richtige Antwort.

1. Wovon wird bei einer weltweit stark verbreiteten Infektionskrankheit gesprochen?			
A	Endemie	**B**	Epidemie
C	Pandemie	**D**	Anämie

2. Gegen welche Krankheitserreger werden in der Medizin Antibiotika eingesetzt?			
A	Bakterien	**B**	Viren
C	Parasiten	**D**	Pilze

3. Wer ist vor allem von degenerativen Krankheiten betroffen?			
A	Kinder	**B**	Jugendliche
C	weibliche Personen	**D**	ältere Menschen

4. Zu welchen Krankheiten zählt man die Bluterkrankheit (= Hämophilie)?			
A	Infektionskrankheiten	**B**	Erbkrankheiten
C	Tumorkrankheiten	**D**	Zivilisationskrankheiten

5. Leukämie ist das Fremdwort für … ?			
A	Brustkrebs	**B**	Blutkrebs
C	Lungenkrebs	**D**	Darmkrebs

6. Welche Blutgruppe gibt es nicht?			
A	A	**B**	B
C	C	**D**	AB

Allgemeinwissen fördern
GESUNDHEIT, KRANKHEITEN UND VERLETZUNGEN – Bestell-Nr. 13 029
KOHL VERLAG

47 Test oder Quiz (III)

Aufgabe 1: *Zu den nachfolgenden 6 Fragen werden jeweils 4 Antwortmöglichkeiten genannt. Stets ist nur eine der 4 Antwortmöglichkeiten richtig.*

Kreuze im Test entsprechend an bzw. nenne im Quiz jeweils die richtige Antwort.

1. Wie nennt man Eiweißstoffe von in den Körper eingedrungenen Krankheitserregern?			
A	Antigene	**B**	Antikörper
C	Antipoden	**D**	Antibiotika

2. Welche Bestandteile des Blutes bekämpfen Krankheitserreger?			
A	Blutplasma	**B**	Blutplättchen
C	rote Blutkörperchen	**D**	weiße Blutkörperchen

3. Ungefähr wie viele Gene hat jeder Mensch?			
A	ca. 10.000	**B**	ca. 15.000
C	ca. 20.000	**D**	ca. 25.000

4. Wie wird die ärztliche Behandlung von Krankheiten bezeichnet?			
A	Diagnose	**B**	Prävention
C	Therapie	**D**	Symptom

5. Mit welchem Instrument hören Ärzte den Brustbereich ab?			
A	Stethoskop	**B**	Spatel
C	Stent	**D**	Skalpell

6. Wovor soll die Tetanusimpfung schützen?			
A	Grippe	**B**	Masern
C	Wundstarrkrampf	**D**	Pocken

KOHL VERLAG
Allgemeinwissen fördern
GESUNDHEIT, KRANKHEITEN UND VERLETZUNGEN – Bestell-Nr. 13 029

48 Test oder Quiz (IV)

Aufgabe 1: *Zu den nachfolgenden 6 Fragen werden jeweils 4 Antwortmöglichkeiten genannt. Stets ist nur eine der 4 Antwortmöglichkeiten richtig.*

Kreuze im Test entsprechend an bzw. nenne im Quiz jeweils die richtige Antwort.

1. Wobei handelt es sich um eine Verletzung?

A	Erkältung	**B**	Zerrung
C	Röteln	**D**	Gürtelrose

2. Unter welcher Telefon-Nr. ist der Rettungsdienst erreichbar?

A	111	**B**	112
C	113	**D**	114

3. Wofür steht der Buchstabe H in der sogenannten PECH-Regel?

A	Hilfe	**B**	Hitze
C	Hochlagerung	**D**	Heilung

4. Mit welchem Griff sollte man bei der Ersten Hilfe einen bewusstlosen Menschen aus einer Gefahrenzone bergen?

A	Achsel-Griff	**B**	Judo-Griff
C	Ringer-Griff	**D**	Rautek-Griff

5. Wie gilt es bei der Herz-Druck-Massage den Brustkorb zu drücken?

A	sehr schnell	**B**	schnell
C	langsam	**D**	sehr langsam

6. Welche legale Droge schädigt bei starkem Konsum besonders die Leber?

A	Kaffee	**B**	Nikotin
C	Tee	**D**	Alkohol

KOHL VERLAG Allgemeinwissen fördern GESUNDHEIT, KRANKHEITEN UND VERLETZUNGEN • Bestell-Nr. 13 029

49 Lösungen

1 Seite 6 - Gesundheit (Einführung)

Aufgabe 1: **a)** Die Nummernreihenfolge: 4; 6; 9; 2; 7; 10; 1; 5; 8; 3

b)
1. Gesundheit ist mehr als frei von Krankheiten zu sein.
2. Gemäß der World Health Organization (= Weltgesundheitsorganisation) gilt:
3. Gesundheit ist ein Zustand vollständigen körperlichen, seelischen und sozialen Wohlbefindens.
4. Unter anderem umfasst Gesundheit, leistungsfähig zu sein.
5. Zur körperlichen (= physischen) Gesundheit zählt, dass der Körper des jeweiligen Menschen fit ist.
6. Seelische (= psychische) Gesundheit beinhaltet Lebenszufriedenheit, Freude, Motivation …
7. Soziales Wohlbefinden meint, verlässliche Freunde zu haben, Wertschätzung in der Gemeinschaft, Geborgenheit z. B. in der Familie …
8. Gesundheit ist nicht alles, aber ohne Gesundheit ist alles nichts. (Arthur Schopenhauer)
9. Erforderlich ist eine gesunde Lebensweise, um sich um seine Gesundheit zu kümmern.
10. Wie wichtig Gesundheit ist, merken viele Menschen leider oft erst, wenn sie krank sind oder werden.

2 Seite 7 - Der Körper des Menschen

Aufgabe 1: Individuelle Lösungen

3 Seite 8 - Lebst du gesund?

Aufgabe 1: **a)** Individuelle Lösungen;

Hinweis: Angegeben ist jeweils die Nr. der Antwort, die als gesund gilt:

1. 3; **2.** 1; **3.** 2; **4.** 3; **5.** 3; **6.** 1; **7.** 2; **8.** 3;
9. 3; **10.** 1; **11.** 1; **12.** 3; **13.** 2; **14.** 2; **15.** 2;
16. 2; **17.** 3; **18.** 1; **19.** 2; **20.** 1

b) Individuelle Lösungen

4 Seite 11 - Ernährung und Gesundheit

Aufgabe 1: Individuelle Lösungen

5 Seite 12 - Sport und Gesundheit

Aufgabe 1: Individuelle Lösungen

6 Seite 13 - Zahnpflege

Aufgabe 1: Individuelle Lösungen; Beispiel: Auch die Zahnpflege leistet einen Beitrag zur Gesundheit und beugt Krankheiten vor. Reinige deine Zähne mindestens zweimal täglich ca. 3 Minuten lang. Das Zähneputzen ist nach den Mahlzeiten angesagt, nicht davor. Putze mit einer Zahnbürste zuerst die **K**auflächen, dann die **A**ußenseiten und schließlich die **I**nnenseiten aller Zähne (= KAI-Verfahren). Zahnzwischenräume lassen sich mit Hilfe von Zahnseide säubern. Durch Putzen gilt es u. a., Zahnstein (= verhärteter Zahnbelag) zu vermeiden. Zu empfehlen ist nach dem Zähneputzen eine Mundspülung. Wichtig ist die Zahnpflege zur Vermeidung von Zahnkrankheiten wie z. B. Karies (= Zahnfäule) oder Parodontitis. Bei Parodontitis handelt es sich um eine Entzündung des Zahnhalteapparates. Zahnfleischbluten zeigt an, dass das Zahnfleisch entzündet ist …

Aufgabe 2: Individuelle Lösungen

7 Seite 14 - Medizin

Aufgabe 1: Individuelle Lösungen

8 Seite 15 - Ein ganz kurzer Blick zurück in die Geschichte der Medizin

Aufgabe 1:

a) Operationen am Körper von Menschen
b) der heutzutage in Europa (wohl) bekannteste Arzt aus der vorchristlichen Zeit
c) von etwa 460-370 v. Chr.
d) der Begründer (= „Vater") der wissenschaftlichen Heilkunde (= Medizin) zu sein
e) Kranken zu helfen, sich für ihr Wohl einzusetzen, die Schweigepflicht über ihre Patienten zu bewahren
f) bei den Arabern
g) ab dem 19. Jahrhundert
h) die Entstehung, Verläufe, Behandlung von Krankheiten
i) die Entdeckungen von zahlreichen (winzigen) Krankheitserregern, medizintechnische Erfindungen
j) Medikamente (= Heilmittel)

9 Seite 16 - Krankheiten (Einleitung)

Aufgabe 1: **a)** verhindert; **b)** gebraucht; **c)** heißt; **d)** weisen; **e)** bezeichnet; **f)** verstanden; **g)** kennt; **h)** kommen; **i)** lindern; **j)** führen

10 Seite 17 - Vorbemerkungen zur Unterscheidung von Krankheiten

Aufgabe 1: Individuelle Lösungen

11 Seite 19 - Infektionskrankheiten

Aufgabe 1:

a) ansteckende Krankheiten
b) durch winzige Krankheitserreger
c) Bakterien, Viren, Pilze, Parasiten …
d) z. B. Typhus, Grippe, Masern, Fußpilz, Bandwurminfektionen
e) durch verschmutzte Wunden, Speicheltröpfchen, Tierbisse, -stiche, unreines Trinkwasser
f) Symptome
g) weltweit
h) Isolierung (= Quarantäne) von Erkrankten, Desinfektionsmittel, Impfung …
i) Antibiotika zur Bekämpfung von Bakterien, Virostatika zur Bekämpfung von Viren
j) Menschen, deren Immunsystem schwach oder vorübergehend geschwächt ist

12 Seite 21 - Vererbung und Erbkrankheiten

Aufgabe 1:

a) Richtig sind: 3), 4), 6), 7), 9)

b)
1. Gene nennt man die Erbanlagen.
2. Chromosomen heißen die Träger der Erbanlagen.
5. Der Mensch besitzt über 25.000 Gene.
8. Wenn jemand ein oder mehrere krankhafte Gene in seinem Köreper hat, bedeutet dies nicht zwangsläufig, dass bei diesem Menschen eine Erbkrankheit ausbricht.
10. Bisher sind die meisten Erbkrankheiten nicht heilbar.

13 Seite 22 - Degenerative Krankheiten

Aufgabe 1: Individuelle Lösungen

14 Seite 24 - Tumorkrankheiten

Aufgabe 1:

a) alle Schwellungen des Körpers, z. B. auch Entzündungen …
b) bösartige und gutartige Zellwucherungen, die unkontrolliert und oft rasch wachsen
c) als Krebs
d) bösartige Geschwülste mit einem Deckgewebe
e) bösartige Tochtergeschwülste, die sich im Körper ausbreiten
f) per Blut und Lymphe
g) danach, wo sie im Körper vorkommen (siehe z. B. Darmkrebs)
h) mehr als 300 verschiedene Krebsarten
i) Chemotherapie, Strahlentherapie, Tumoroperationen, Immuntherapie …
j) Erbliche Neigung, Veränderung der Erbanlagen (= Mutationen), Strahlenbelastung, Giftstoffe, Rauchen, Übergewicht, Alkohol, Infektionen, psychische Belastungen (Stress) …

49 Lösungen

15 Seite 25 - Autoimmunkrankheiten

Aufgabe 1: **a)** Immunsystem; **b)** Antikörper; **c)** Körper; **d)** Hintergründe; **e)** Dinge; **f)** Veranlagungen; **g)** Bauchspeicheldrüse; **h)** Blut; **i)** Insulin; **j)** Gelenke; **k)** Sklerose; **l)** Personen

16 Seite 27 - Psychische Krankheiten

Aufgabe 1:

Psyche = Seele, umfasst das Denken, die Wahrnehmung, das Empfinden, die Gemütslage, das Bewusstsein

Depression = Niedergeschlagenheit, Trauer, Lustlosigkeit …

Bipolare Störung = Schwankungen der Stimmung zwischen großer Trauer und überschwänglicher Freude

Psychose = seelische Krankheit mit u. a. Realitätsverlust, Wahnvorstellungen

ADHS = fehlende Konzentrationsfähigkeit, unüberlegtes Handeln, überhöhter Bewegungsdrang

Psychiater = Facharzt zur Behandlung von seelischen Störungen, Krankheiten

Psychotherapeut = Behandler von seelischen Störungen, Krankheiten

Psychologe = Experte für seelische Vorgänge

17 Seite 28 - Zivilisationskrankheiten – ein Puzzle

Aufgabe 1: Nummerierung: linke Spalte: 4, 10, 1, 7, 3; rechte Spalte: 2, 6, 9, 5, 8

18 Seite 29 - Krankheiten von A-Z

Aufgabe 1: Individuelle Lösungen wie z. B.:

A …	Asthma
B …	Bronchitis
C …	Covid 19
D …	Depression
E …	Erkältung
F …	Fußpilz
G …	Grippe
H …	Herzinfarkt
I …	Ischias
J …	Juckreiz
K …	Krebs
L …	Lungenentzündung
M …	Masern
N …	Nierensteine
O …	Osteoporose
P …	Pest
R …	Rheuma
S …	Schlaganfall
T …	Tinnitus
U …	Unterernährung
V …	Verdauungsstörungen
W …	Windpocken
Z …	Zahnfleischentzündung

19 Seite 31 - Der Steckbrief einer Krankheit

Aufgabe 1: Individuelle Lösungen

49 Lösungen

20 Seite 32 - Schmerzen

Aufgabe 1+2: Individuelle Lösungen

21 Seite 33 - Die Schmerz-Skala

Aufgabe 1: **a) + b)** Individuelle Lösungen

22 Seite 34 - Das Immunsystem des Menschen

Aufgabe 1:

1. Was bedeutet das Wort immun in der Medizin?	unempfindlich für eine Krankheit zu sein
2. Wozu dient das körpereigene Immunsystem?	Krankheitserreger, Fremdstoffe und entartete Körperzellen zu bekämpfen und zu entfernen
3. Welche Organe sind Bestandteile des Immunsystems des Menschen?	Haut, Knochenmark, Milz, Mandeln, Thymusdrüse …
4. Wie werden in den Körper eingedrungene fremde Stoffe bezeichnet?	Antigene
5. Was sind Antikörper?	Eiweißstoffe des Körpers, die sich gegen körperfremde Stoffe richten
6. Welche Zellen gelten im Immunsystem sozusagen als „Polizisten“?	weiße Blutkörperchen (= Leukozyten)
7. Lymphozyten – was sind das?	besondere weiße Blutkörperchen, die auf die spezielle Bekämpfung von Krankheitserregern … spezialisiert sind
8. Was können B-Zellen bilden?	Antikörper
9. Was sind Makrophagen?	große Zellen, die Krankheitserreger … auffressen
10. Wozu sind die sogenannten Gedächtniszellen fähig?	erkennen Krankheitserreger … wieder und aktivieren daraufhin das Immunsystem schnell

23 Seite 36 - Aids

Aufgabe 1:

1. Dafür ist die Krankheit Aids ein exemplarisches Beispiel:	Das Immunsystem des Menschen kann angegriffen und heftig geschwächt werden.
2. Die einzelnen Buchstaben des aus der englischen Sprache stammenden Kurzwortes Aids stehen für:	**a**cquired **i**mmune **d**eficiency **s**yndrome
3. So kann man das Kurzwort Aids in die deutsche Sprache übersetzen:	erworbenes Immunschwäche-Krankheitsbild
4. Durch sie wird die Krankheit Aids ausgelöst:	durch HIV-Viren
5. Dadurch wird Aids nicht übertragen:	durch die Luft …
6. Aids wird übertragen durch:	Körperflüssigkeiten, in denen sich HIV-Viren befinden
7. Beispiele für die Übertragung von Aids sind:	• ungeschützter Geschlechtsverkehr mit einer Person, die Aids hat; • gemeinsam benutzte Injektionsnadeln bei der Zuführung von Drogen; • Blutübertragungen; • …
8. Das gelingt den HIV-Viren im Körper von Menschen:	sich stark zu vermehren, wobei die Krankheitserreger dafür Körperzellen des Immunsystems umfunktionieren
9. Solche Medikamente zur Behandlung von Aids gibt es mittlerweile:	Medikamente, die • die Vermehrung von HIV-Viren im Körper verhindern sollen; • den Ausbruch der Krankheit hinauszögern oder sogar verhindern sollen
10. Als dies gilt die Krankheit Aids bislang nicht:	heilbar

KOHL VERLAG Allgemeinwissen fördern GESUNDHEIT, KRANKHEITEN UND VERLETZUNGEN – Bestell-Nr. 13 029

Lösungen

24 Seite 37 - Kreuzworträtsel 1

Aufgabe 1:

1	C**H**RONISCH
2	ZIV**I**LISATION
3	TY**P**HUS
4	**P**SYCHE
5	MUK**O**VISZIDOSE
6	PAR**K**INSON
7	E**R**BANLAGEN
8	VIROST**A**TIKA
9	MU**T**ATIONEN
10	G**E**NE
11	BI**S**SE

25 Seite 38 - Unfälle und Folgen

Aufgabe 1: Individuelle Lösungen

26 Seite 39 - Verletzungen (Einstieg)

Aufgabe 1: Individuelle Lösungen

27 Seite 40 - Umgang mit Verletzungen

Aufgabe 1+2: Individuelle Lösungen

28 Seite 41 - Wunden

Aufgabe 1:

a) Bei so manchen Verletzungen entstehen Wunden.
b) Unter Wunden werden meistens Verletzungen verstanden, bei denen die Haut und darunterliegendes Gewebe des Körpers durchtrennt worden sind.
c) Häufig weisen Wunden Blutungen auf – dann, wenn Blutgefäße aufgerissen oder ganz und gar zerstört sind.
d) Wunden verlaufen verschieden tief in den Körper hinein.
e) In der Regel kommt es zu Wunden durch Einwirkung von äußerer Gewalt.
f) Unterschieden werden Bisswunden, Risswunden, Schnittwunden, Stichwunden, Platzwunden, Quetschwunden, Kratzwunden, Schürfwunden ...
g) Mit z. B. einem Pflaster ist es möglich, kleine oberflächliche Wunden zu bedecken.
h) Früher war es (auch) üblich, solche Wunden an der Luft trocknen zu lassen.
i) Inzwischen wird vorgeschlagen, auf kleine Wunden ein spezielles feuchtes Wundheilungspräparat (= ein Gel) aufzutragen.
j) Damit sollen das Eindringen von winzigen Krankheitserregern in die Wunde abgewehrt sowie die Wundheilung gefördert werden.

Aufgabe 2: Individuelle Lösungen wie z. B.:

- Bei größeren Wunden ist ärztliche Behandlung dringend notwendig.
- Vielleicht muss die jeweilige Wunde (erst) geklammert oder sogar genäht werden.
- Wunden können sich auch entzünden und benötigen deshalb ärztliche Behandlung.
- Tetanus-Impfungen dienen zum Schutz vor Wundstarrkrampf.
- Große Wunden hinterlassen nach der Heilung oft Narben.
- ...

29 Seite 42 - Erste Hilfe (I)

Aufgabe 1: **a) + b)** Die richtige Reihenfolge ist: 6; 10; 4; 2; 8; 1; 9; 3; 7; 5

30 Seite 43 - Erste Hilfe (II)

Aufgabe 1: **a)** getan; **b)** mehr; **c)** kümmern; **d)** an; **e)** trösten; **f)** Hals; **g)** Zeit; **h)** Massage; **i)** Brustbein; **j)** werden; **k)** einsetzt; **l)** übernimmt

Allgemeinwissen fördern
GESUNDHEIT, KRANKHEITEN UND VERLETZUNGEN – Bestell-Nr. 13 029
KOHL VERLAG

Lösungen

31

Seite 44 - Erste Hilfe (III)

Aufgabe 1: 1 Knochenbruch; 2 Blutung; 3 Verbrennung; 4 Hitzschlag; 5 Stromschlag; 6 Verätzung; 7 Vergiftung; 8 Insektenstich; 9 Schock; 10 Epileptischer Anfall

32

Seite 45 - Erste Hilfe (IV) – Die stabile Seitenlage und der Rautek-Griff

Aufgabe 1+2: Individuelle Lösungen

33

Seite 47 - Hausapotheke

Aufgabe 1:

1. Pflaster
2. Schere
3. Pinzette
4. Binden (elastisch)
5. Sicherheitsnadeln
6. Wundschnellverbände
7. Kompressen
8. Kühlkompressen
9. Mullbinden
10. Fieberthermometer
11. Wärmflasche
12. Zeckenzange
13. Erste-Hilfe-Anleitung
14. Liste mit Notfall-Rufnummern
15. Durchfall
16. Erkältung
17. Übelkeit, Erbrechen
18. Insektenstiche
19. Sonnenbrand
20. Sodbrennen
21. Verstopfung
22. Wundinfektion
23. Schmerzen
24. Eisspray
25. Heilsalbe

34

Seite 48 - Impfungen (I)

Aufgabe 1: Individuelle Lösungen

35

Seite 49 - Impfungen (II)

Aufgabe 1: Individuelle Lösungen

36

Seite 50 - Impfungen (III) – mRNA-Impfstoffe

Aufgabe 1: Individuelle Lösungen, wie z. B.:

Bei mRNA-Impfstoffen handelt es sich um einen neuen Impfstoff-Typ. RNA ist die Abkürzung für die englischsprachige Bezeichnung ribonucleic acid (= Ribonukleinsäure). Das kleine „m" steht verkürzt für das englische Wort messenger (= Bote). Man kann die mRNA demnach auch Boten-RNA nennen.

Die mRNA befindet sich in den Körperzellen und überträgt verschlüsselte Erbinformationen. Für die Bildung von bestimmten Proteinen (= Eiweißen) weist die mRNA den speziellen Bauplan auf.

mRNA-Impfstoffe werden künstlich hergestellt. Beim Impfen gelangt der jeweilige mRNA-Impfstoff in den Körper. Gemäß dem durch den mRNA-Impfstoff übertragenen Bauplan fangen Körperzellen im Bereich der Einstichstelle an, das jeweilige Protein (= Eiweiß) herzustellen. Das Immunsystem des Menschen stellt jedoch fest, dass dieses Protein ein Fremdkörper (≈ Antigen) ist. Daraufhin bekämpft das Immunsystem aktiv den Fremdkörper und merkt sich dessen Bauplan für die Zukunft …

37

Seite 51 - Das bin ich

Aufgabe 1: Individuelle Lösungen

38

Seite 52 - Einige medizinische Instrumente und Geräte

Aufgabe 1: a) Bilder

1.	Skalpell
2.	Hammer
3.	Stethoskop
4.	Biopsiezange
5.	Kanüle
6.	Herzfrequenzgerät
7.	Röntgengerät
8.	Stimmgabel
9.	Endoskop
10.	Ultraschallgerät

11.	Blutdruckmessgerät
12.	Dialysegerät
13.	Sterilisator
14.	Pinzette
15.	Fieberthermometer
16.	Pipette
17.	Katheter
18.	Defibrillator
19.	Pupillenleuchte
20.	Inhalator

Lösungen

38 Seite 52 - Einige medizinische Instrumente und Geräte

Aufgabe 1: **b)** kurze Erklärungen

Stethoskop	Hörrohr zum Abhorchen des Brustbereiches
Skalpell	Messer, bei Operationen eingesetzt
Fieberthermometer	stellt die Körpertemperatur fest
Blutdruckmessgerät	ermittelt die Kraft, mit der Blut fließt
Herzfrequenzgerät	registriert den Pulsschlag
Inhalator	Gerät zum Einatmen von z. B. Dämpfen
Kanüle	Hohlnadel, Injektionsnadel
Pinzette	dient zum Entfernen von kleinen Fremdkörpern aus Wunden, Körperöffnungen
Pipette	Glasröhrchen, das die Zufuhr von Flüssigkeiten dosiert
Hammer	testet die Reflexe
Katheter	Instrument zur Entleerung, Spülung oder Befüllung von Körperhohlorganen
Biopsiezange	bestimmt zur Entnahme von Gewebe aus dem Körper
Stimmgabel	Hilfsmittel zur Überprüfung des Gehörs bzw. des Tastempfindens
Pupillenleuchte	Hilfsmittel zur Kontrolle der Augen
Endoskop	Instrument mit elektrischer Lichtquelle sowie Spiegel zur Untersuchung von Körperhöhlen
Defibrillator	Gerät zur Beendigung von Herzrhythmus-störungen, wie Kammer- und Vorhofflimmern
Sterilisator	tötet Krankheitserreger wie z. B. Bakterien ab
Ultraschallgerät	liefert Bilder vom Körperinneren mittels Schallwellen
Röntgengerät	durchleuchtet den Körper mit Strahlen
Dialysegerät	reinigt das Blut, ermöglicht die Behandlung von Nierenkrankheiten

Aufgabe 2: Individuelle Lösungen

39 Seite 55 - CT und MRT

Aufgabe 1: Individuelle Lösungen

40 Seite 56 - Drogen und Sucht (I)

Aufgabe 1: **1.** Das **2.** Drogen **3.** Zum **4.** Demgegenüber **5.** So
6. Die **7.** Nun **8.** Man **9.** Zu **10.** Im **11.** Außer **12.** Beispiele

41 Seite 57 - Drogen und Sucht (II)

Aufgabe 1: Individuelle Lösungen

42 Seite 58 - Krankenversicherung

Aufgabe 1: Individuelle Lösungen

43 Seite 59 - Gesund bzw. krank

Aufgabe 1: Individuelle Lösungen

Allgemeinwissen fördern
GESUNDHEIT, KRANKHEITEN UND VERLETZUNGEN – Bestell-Nr. 13 029

44 Seite 60 - Kreuzworträtsel 2

Aufgabe 1:

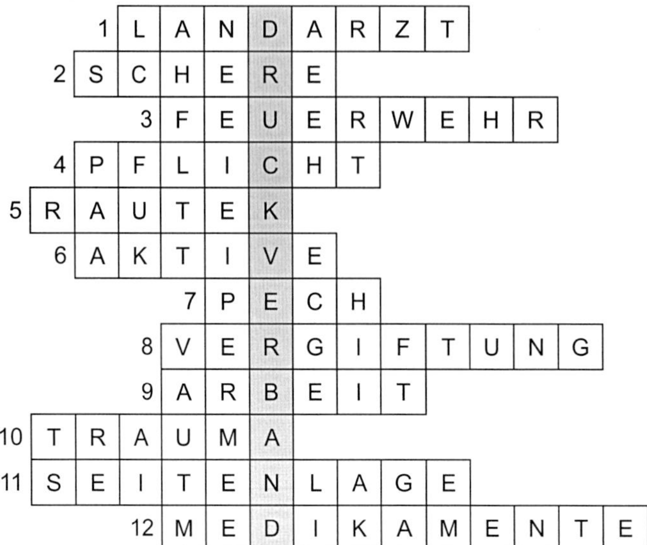

45 Seite 61 - Test oder Quiz (I)

Aufgabe 1: 1. B; 2. B; 3. A; 4. D; 5. C; 6. B

46 Seite 62 - Test oder Quiz (II)

Aufgabe 1: 1. C; 2. A; 3. D; 4. B; 5. B; 6. C

47 Seite 63 - Test oder Quiz (III)

Aufgabe 1: 1. A; 2. D; 3. D; 4. C; 5. A; 6. C

48 Seite 64 - Test oder Quiz (IV)

Aufgabe 1: 1. B; 2. B; 3. C; 4. D; 5. A; 6. D